JN434694

| 정브르

110만 구독자를 보유한 생물 크리에이터로 MCN 회사 샌드박스네트워크 소속이에요. 곤충과 파충류부터 바다생물까지 다양한 생물을 소개하는 참신한 콘텐츠를 선보이며 생물 전문 크리에이터로 큰 사랑을 받고 있답니다. 유튜브 채널에서 동물 사육, 채집, 과학 실험 등의 재미있고 유익한 영상을 소개하고 있으며, 도서와 영화를 통해 고유의 콘텐츠와 더불어 동물을 사랑하는 마음까지 대중에게 알리고 있어요.

1판 1쇄 인쇄 2021년 11월 12일
1판 2쇄 발행 2022년 1월 11일

발행인 | 조인원
편집인 | 최원영
편집장 | 최영미
편집자 | 손유라
출판마케팅 담당 | 홍성현, 이풍현
제작 담당 | 이수행, 오길섭

발행처 | (주)서울문화사
등록일 | 1988년 2월 16일
등록번호 | 제 2-484
주소 | 서울특별시 용산구 새창로 221-19
전화 편집 | 02-799-9375 **출판마케팅** | 02-791-0750
본문 구성 | 덕윤웨이브 **디자인** | 권빈

ISBN 979-11-6438-489-1
979-11-6438-488-4 (세트)

생생체험
자연관찰
정브르의
곤충일기
지음 정브르
감수 샌드박스네트워크
브르와 함께
곤충 탐험을 떠나요!

차례

곤충이란 무엇일까?

나비, 개미, 거미 등 우리 주변에 다양한 생물이 있어요. 그럼 그중 어떤 생물을 곤충이라고 말하는 걸까요? 거미는 과연 곤충일까요?

난 곤충이 아니라 절지동물이야!

★절지동물★

지구에 존재하는 약 80%의 동물이 **절지동물**이에요. 절지동물은 몸이 여러 개의 마디로 이루어져 있는 동물이지요. 몸에 뼈가 없지만 몸을 지탱하는 단단한 겉껍데기가 있어요. 거미류, *다지류 등이 있는데 **거미류**는 머리와 가슴이 합쳐진 머리가슴과 배로 나뉘고, **다지류**는 머리와 배로 몸이 나뉘지요.

* 다지류: 다리가 많은 절지동물을 말해요. 대표적인 다지류는 지네예요.

곤충

절지동물 안에 속한 **곤충**은 전체 동물 중에서 약 4분의 3을 차지할 정도로 많아요. 지구를 대표한다고 볼 수도 있지요. 곤충의 몸은 기본적으로 **머리**, **가슴**, **배**로 나뉘어요. 머리에는 눈, 더듬이, 입이 있고 가슴에는 대부분 **3쌍의 다리**와 **2쌍의 날개**가 있어요. 그리고 곤충의 배에는 소화 기관과 생식 기관이 있답니다.

브르와 함께
다양한 생물을 만나러
가 볼까요?

아하!

콰악!!

1화 불개미 군단 키우기

제 생각에 일개미가 최소 1~2천 마리 있어요.

여왕개미는 대략 20마리 이상 있고요.

알도 있습니다.

알

브린이를 위한 곤충 상식

일개미는 먹이를 나르거나 집을 지어요. 여왕개미는 알을 낳을 수 있으며 계급이 가장 높고, 일개미보다 크기가 크지요.

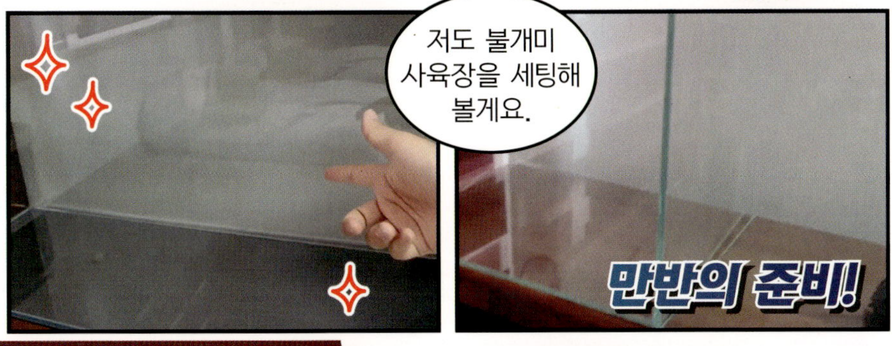

개미 탈출 방지 방법

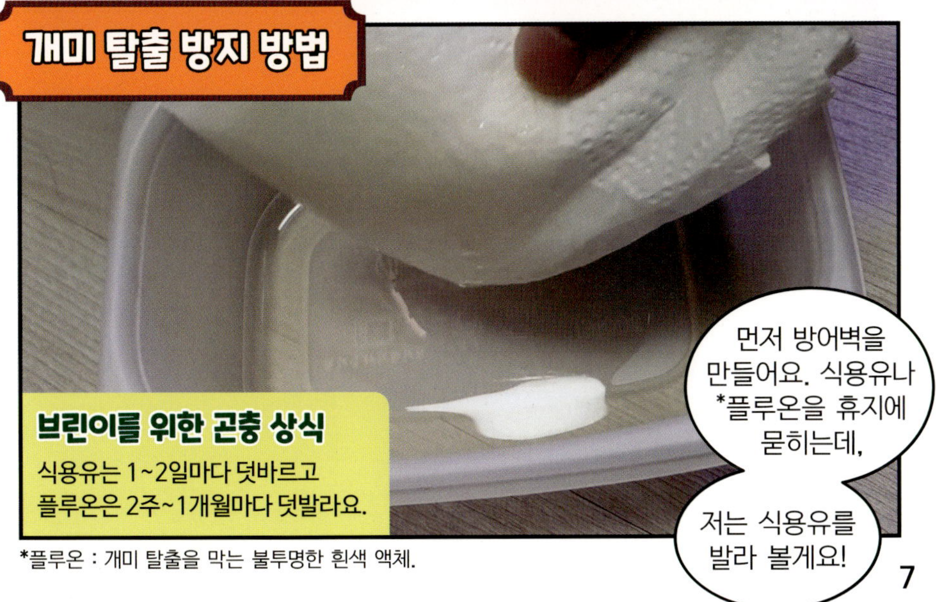

브린이를 위한 곤충 상식

식용유는 1~2일마다 덧바르고
플루온은 2주~1개월마다 덧발라요.

*플루온 : 개미 탈출을 막는 불투명한 흰색 액체.

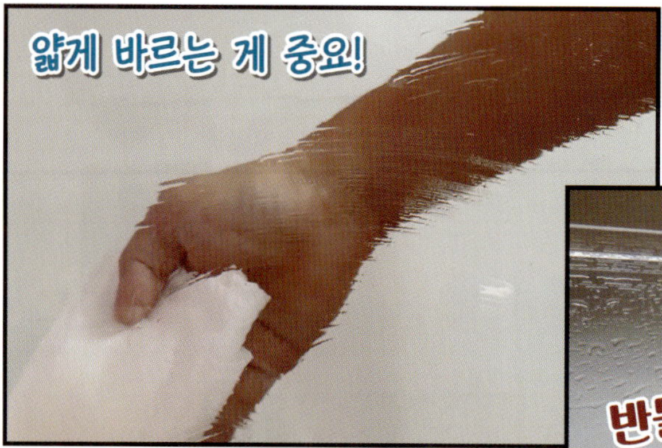

얇게 바르는 게 중요!

잘 발렸는지
확인한 후에
불개미 *군체를
넣을 거예요.

반들 반들

*군체 : 한 개체가 모여 조직적으로 살아가는 집단.

슈웅~!

휴지로 이동 중!

몇 마리만 먼저
사육장으로 옮기고
탈출하는지 못 하는지
관찰할게요.

여긴
어디지?

탈출하자!

딱 경계에서
못 올라가네!
불개미 군체를
전부 옮겨도
되겠어요!
후퇴다~!
보통 개미
군체에서 병정개미가
적과 싸우는 임무를
맡아요.
그런데 모든
종류의 개미 군체에
병정개미가 있는 건
아니에요.

보통 왕개미속이나
혹개미속에 병정개미가
있는데, 머리가
엄청 커요.
병정개미
왕개미속(camponotus)
혹개미속(pheidole)

작은 일개미
큰 일개미
불개미에게는
병정개미가
없지만
일개미의
크기가 조금씩
다르답니다.

*흙 사육 : 사육장에 흙을 넣어 자연과 가까운 환경을 조성해 주는 사육 방식.

왜 이름이 불개미일까?

*개미산 : 자극적인 냄새가 나는 무색의 액체로 적을 공격할 때 사용함.

여러분
장난삼아 불개미를
건들지 마세요.

개미산에 닿으면 진짜 아파요!

이제 먹이를
줄게요.

빨리 줘!

불개미는
번식력이 좋지만
일개미의 수명이
짧기 때문에

개체 수를
늘리려면 먹이를
많이 줘야 해요.

배고파!

끊임없이 영양분을 챙겨 주세요!

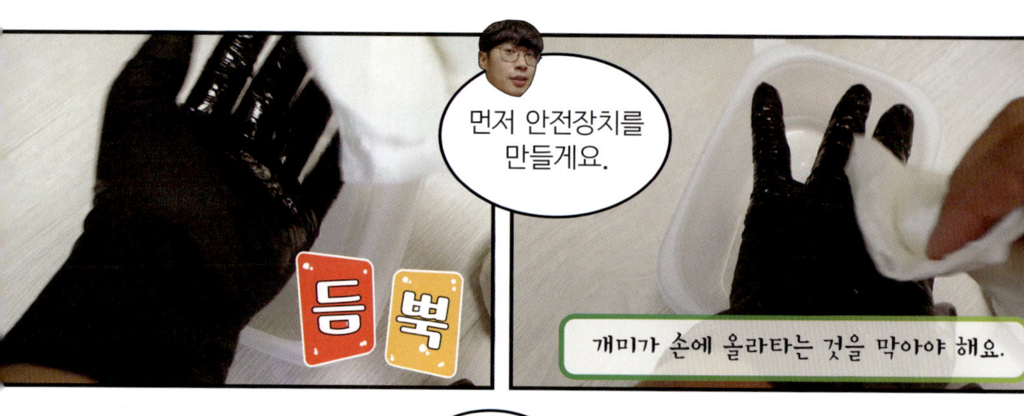

먹이를 주기 위해

*먹탐장을 설치할 거예요.

먹탐장

*먹탐장 : '먹이 탐색장'의 줄임말로 서식지 밖에서 먹이를 찾아 먹도록 하는 공간.

젤리

탱글 탱글

먹탐장을
사용한 이유는
젤리의 수분을
보호하고,
젤리의 당분이
다른 곳에 튀어서
더러워지는 것을 막기
위해서입니다.
맛있는
냄새가
나는데?
입구가
어디지?

이렇게 먹탐장을
넣으면 들어와서
먹고 잘라서
애벌레에게 가져다
주기도 해요.
곤충, 해충
불개미는 육식을 굉장히 좋아합니다.

불개미들이
습관적으로
여기에 먹이가
있다고 인식해서
왔다 갔다
할 거예요.
입구

10분 후
바글
젤리
맛있어!
바글

먹이 청소가
굉장히 어려운데
이렇게 먹탐장을
설치하면,
불필요한
찌꺼기들만
남아 치우기가
쉬워요.
관리하기 참 쉽죠~?

개미산을
쏘는 모습은
어떨까요? 손을 살짝
넣어 볼게요.
적이다!

개미산을 쏘는 모습
덤벼!

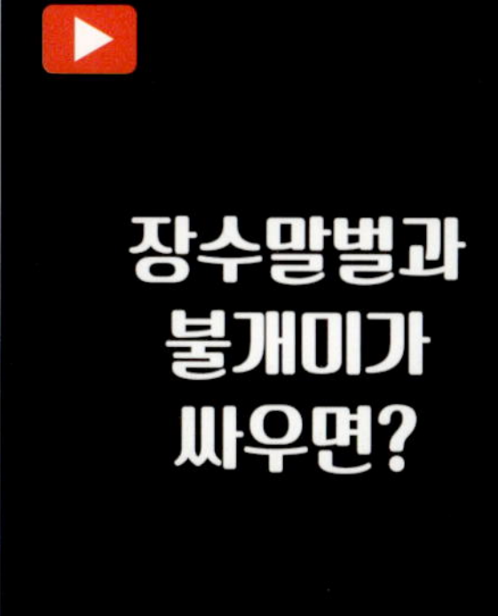
장수말벌과
불개미가
싸우면?

제가 장수말벌
4마리를
받았습니다.
장수말벌

여긴
어디야?
우리나라에서
가장 큰 장수말벌은
독성이 강하고
힘이 세요.
덜덜
제 손가락 만한 크기입니다.

두 근 두 근
제가 기르는
불개미 친구들에게
강하다고 소문난
장수말벌을
먹이로
주려고
합니다.
새로운
사냥감인가?
최강 곤충 배틀 불개미 VS 장수말벌

가끔씩은 불개미들에게 자극적인 사냥의 경험을 시켜 주는 게 좋을 거라고 생각해요.

브린이를 위한 곤충 상식
사람도 장수말벌에게 쏘이면 목숨을 잃을 수 있을 만큼 무척 위험한 곤충이에요. 장수말벌은 꿀벌의 벌집을 약탈하고 애벌레들을 사냥하기도 하지요.
버둥
이거 놔라!
버둥
우와
힘이 엄청 납니다!

위잉
날갯짓 소리가 장난 아니에요.
위잉
턱의 힘도 무척 세요!

스윽
불개미 사육장에 투입!
여긴 어디야?!
자! 우선 한 마리 넣었습니다.

와, 불개미가 달라붙었어요!
공격을 시작하는 불개미들!

장수말벌의 날개 힘이 굉장히 세서, 불개미들이 다 떨어져 나갑니다.
호락호락하지 않은 장수말벌!
의기양양
어때, 나 힘 세지?

불개미들이
위기감을 느꼈는지
사냥하려고 단체로
출동하네요.
모두
모여!
출동!
현재 장수말벌은
두 마리
들어갔습니다.

엄청난 체급 차이
불개미가
장수말벌의
날개나 다리를
물어서 움직이는 걸
방해하네요.
좀 떨어져,
이것들아!

장수말벌은
굉장히 오랜 시간 동안
비행할 수 있는
힘을 가졌어요.
장수말벌의 힘이
빠지기 전까지
불개미들도 사냥이
어렵겠네요.
쉽진
않을 거다!
엄청난 체력을 가진 장수말벌

불개미를 피해 여유를 부리고 있네요.
한 마리 더 넣어 줄게요.
장수말벌이 총 세 마리입니다. 상황을 지켜볼까요?
불개미는 사냥 중
적이 너무 많아!
장수말벌이 공격을 전혀 못하고 있어요.
불개미들이 힘을 합쳐서 장수말벌 한 마리를 공격하고 있습니다.
드디어 이겼다!
사냥에 성공한 불개미들!

오늘 불개미들
배부르게
먹겠네요.
애벌레
갖다 주자.
우아~
정말 엄청나네요.

그다음
장수말벌을 목표로
맹공격 중입니다.
사육장 안은 전쟁 중

내가 졌다.
결국 한 마리가 또 쓰러집니다.
플루온을 예쁘게
발랐었는데 장수말벌들이
돌아다니면서 플루온을
다 망가트렸어요.
망가진 플루온

그래서 불개미들이
벽면이랑 천장에
다 달라붙었습니다.

사방팔방
우리가
점령했다!

도망칠 곳 없는 말벌의 최후….

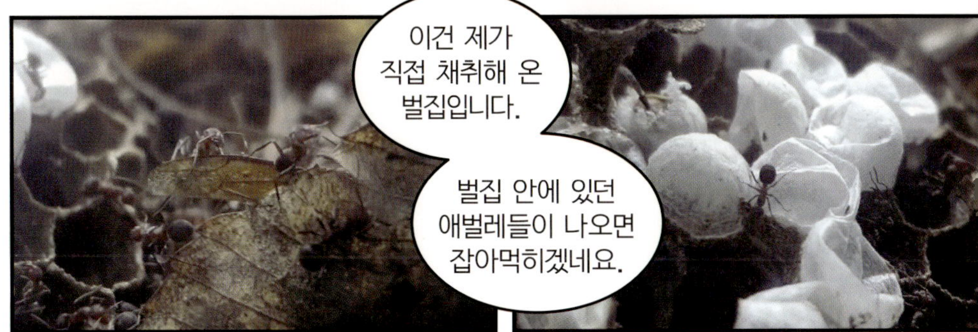

개미를
한 마리씩 봤을 땐
작고 보잘것없이
보일 수도 있지만
많이
모이면 엄청
강하답니다.
우리의
승리다!
엄청난 포식자, 불개미

결국 제일
큰 장수말벌까지
불개미에게 당하고
맙니다.
분하다….
그런데
언제 다 해체하니…?

불개미가
장수말벌을 이겼지만,
장수말벌은 정말
위험한 곤충이에요.
불개미들,
복수할 거야!
산책하거나
등산할 때
장수말벌을 만나면
조심해야 합니다!

정브르의 곤충 탐구

개미는 군체를 형성하여 조직 생활을 해요.
보통 생식 능력이 있는 여왕개미, 수개미와 생식 능력이 없고 노동을 하는 병정개미, 일개미로 계급을 이루어 살지요.

영상으로 확인해 봐요!

★정브르의 곤충 탐구★

곤충 이름 : 가시개미

가슴과 등쪽에 나 있는 가시 때문에 가시개미라는 이름이 붙여졌어요. 가시개미는 다른 개미 군체로 침투해서 다른 여왕개미를 죽이고 번식하는 능력이 있어요. 이런 특성 때문에 기생개미라고 불리기도 하지요.

★정브르의 곤충 탐구★

곤충 이름 : 노랑꼬리치레개미

몸 색깔이 황갈색인 게 특징인 노랑꼬리치레개미는 여왕개미 여러 마리가 한 군체를 키우기도 해요. 노랑꼬리치레개미는 오래된 나무 아래, 습기가 많은 땅에서 서식하지요.

영상으로 확인해 봐요!

2화

왜좀 사마귀의 새집 꾸미기

안녕?

왜좀 사마귀

지푸라기, 솔잎, 나무 부스러기 등 자연 생태를 똑같이 연출할 거예요.

줄줄줄

이런 거 좋아요!

물이 흐르는 곳 근처에는 이끼 낀 돌멩이가 있을 텐데요.

예쁜 돌이끼 발견!

자, 준비가 다 됐습니다.

먼저 바닥에 황토를 깔게요.

와르르

바닥재로 황토 투입!

바닥에 황토가 잘 달라붙게 물을 많이 부어 주세요.

콸콸

흥건

응가 아닙니다!

직접 가져온 것으로 세팅 시작!
착 착

짜 잔
왜좀 사마귀 하우스 완성

왜좀 사마귀랑 비슷한 색깔의 낙엽이나 나무 조각으로 꾸며 줬어요.
왜좀 사마귀의 서식지와 최대한 비슷하게 만들어 주는 게 포인트!

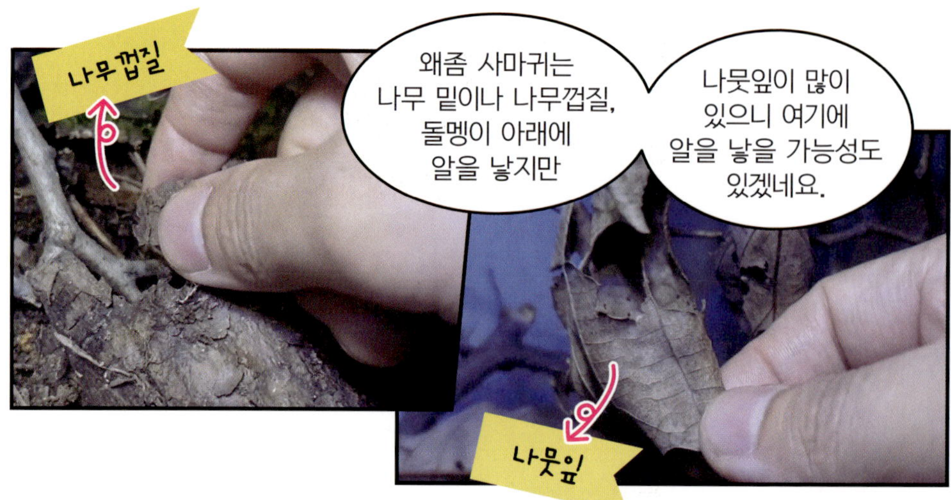

브린이를 위한 곤충 상식

톡토기는 톡토기목에 속하는 절지동물로 전 세계에 8,500여 종이 존재해요. 점프할 수 있는 도약기라는 기관이 있으나 날개는 없어요. 몸길이는 0.5~3mm로 낙엽이나 썩은 나무 밑, 물 위, 모래 등 어느 곳에서나 서식하지요.

톡토기가
곰팡이 같은 노폐물을
다 먹어 줘요. 그리고
왜좀 사마귀는 다 크기
전까지 톡토기들을
잡아먹을 거예요.
이제 사육장
안에서 먹이 사슬의
관계가 만들어질
거예요.
스윽

왜좀 사마귀 수컷
암컷과 수컷은
같이 사육할 건데요.
보통 사마귀는 짝짓기
후에 암컷이 수컷을
잡아먹어요.

투욱
음, 마음에
드는군!
새집으로 이사 완료!

감탄
벌써 암컷이
알집을
낳았습니다.
알집
얘네들은 알집을
많이 낳지만
수정률이 그렇게 높지는
않다고 해요.
무사히 태어나길…!
여기가
어디야!
왜좀 사마귀 총 3마리 투입 완료!

*핀헤드 : 갓 태어난 귀뚜라미.

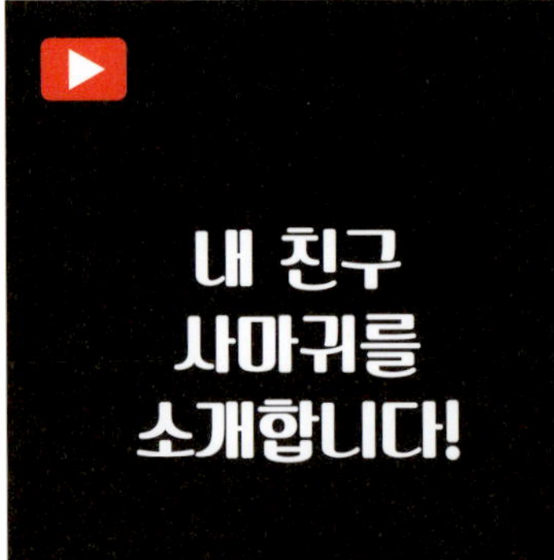
내 친구
사마귀를
소개합니다!

첫 번째로
소개할 사마귀는
넓적배사마귀입니다.

밥 줘!
흰색 반점
넓적배사마귀는
양쪽 겉날개에
흰색 반점이
한 쌍 있어요.
가슴판은
삼각형 모양으로
넓어요.
삼각형 모양

이 친구는
암컷이라
통통하고 배가
커요.
다 자라면 크기가
대략 4~7cm로
우리나라에서
왕사마귀 다음으로
커요.

*탈피 : 곤충이 자라며 허물이나 껍질을 벗는 것.

브린이를 위한 곤충 상식

어린 곤충이 생식 능력이 있는 어른벌레인 성충으로 변하는 과정을 변태(탈바꿈)라고 해요.

- **완전 변태** : 애벌레 단계에서 번데기 시기를 거쳐서 성충이 되는 경우로 나비, 벌 등이 완전 변태를 해요.
- **불완전 변태** : 번데기 시기를 거치지 않고 애벌레 단계에서 탈피 과정을 거치며 성충이 되는 경우로 사마귀, 매미 등이 불완전 변태를 해요.

버둥 버둥

넓적배사마귀가 말벌에게 다가와요!

콰 악

한번에 제압했다!

브린이를 위한 곤충 상식

사마귀는 날카로운 가시가 달린 앞발로 사냥감을 낚아채요. 턱의 힘이 강해서 단단한 것도 잘 씹을 수 있어요.

이 정도는 껌이지~!

냠

엄청 빠르게 낚아채죠? 사마귀들은 사냥 실력이 어마어마합니다.

*항라 : 누에고치에서 뽑은 가늘고 고운 명주실로 만든 옷감.

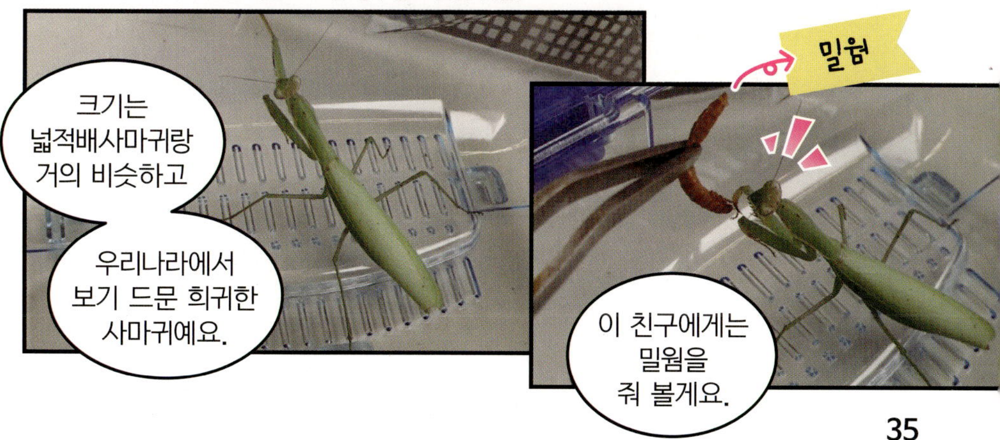

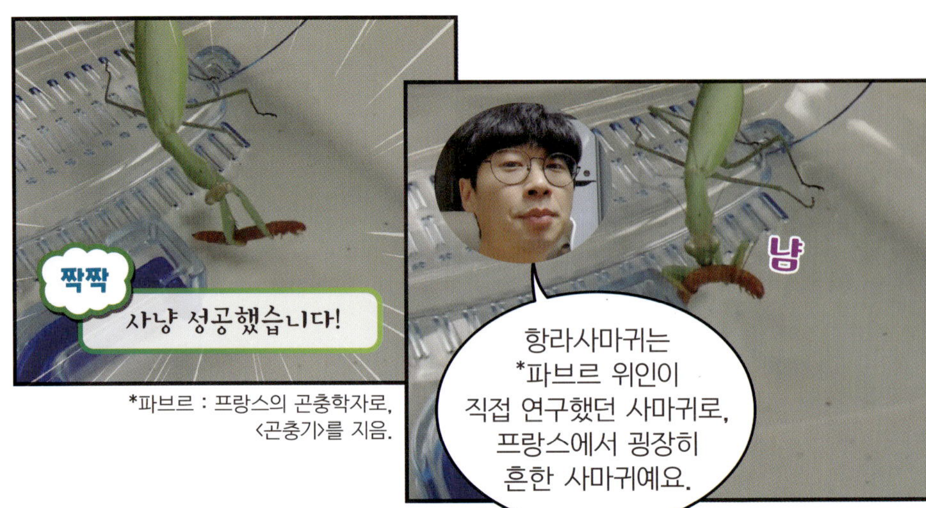

*파브르 : 프랑스의 곤충학자로, 〈곤충기〉를 지음.

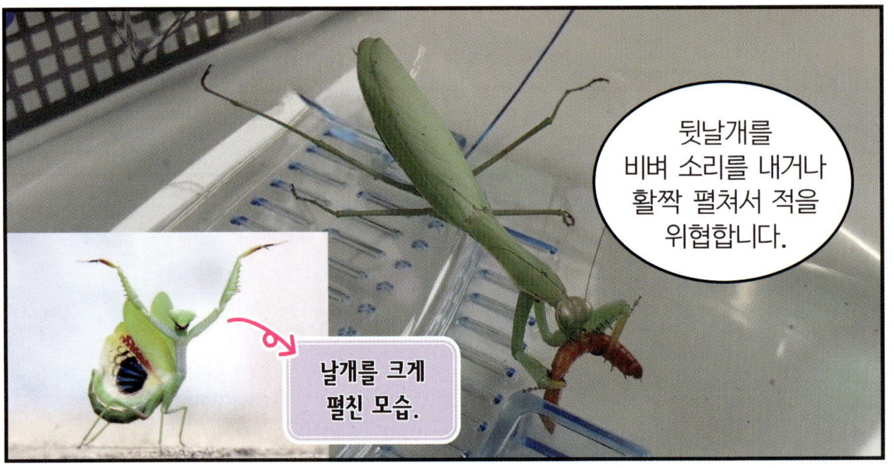

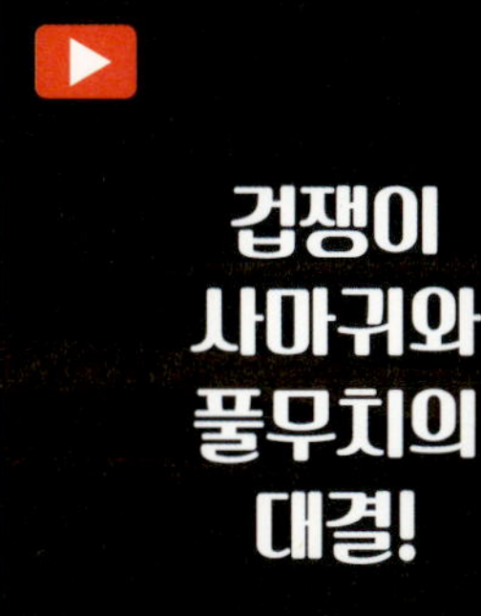
겁쟁이
사마귀와
풀무치의
대결!

이 친구는
붉은긴가슴
넓적배사마귀입니다.
안녕!

맛있는 걸로
부탁해~!
이번에
준비한 먹이는 바로
풀무치입니다.
풀무치

풀무치는 뒷다리
힘이 무척 세고 날카로운
돌기까지 있어서 찍히면
아플 정도예요.
과연 사마귀가
사냥할 수 있을까요?

깜짝

불쑥

안녕?

저건 뭐야….

기대

사냥감을 발견하고 쳐다보고 있어요.

어리둥절

과연…?!

풀무치를 잡았다가 놓아 주는 사마귀…!

황당

헐…? 포기하는 건가…?

덜

덜

덜

재 좀
무서워….

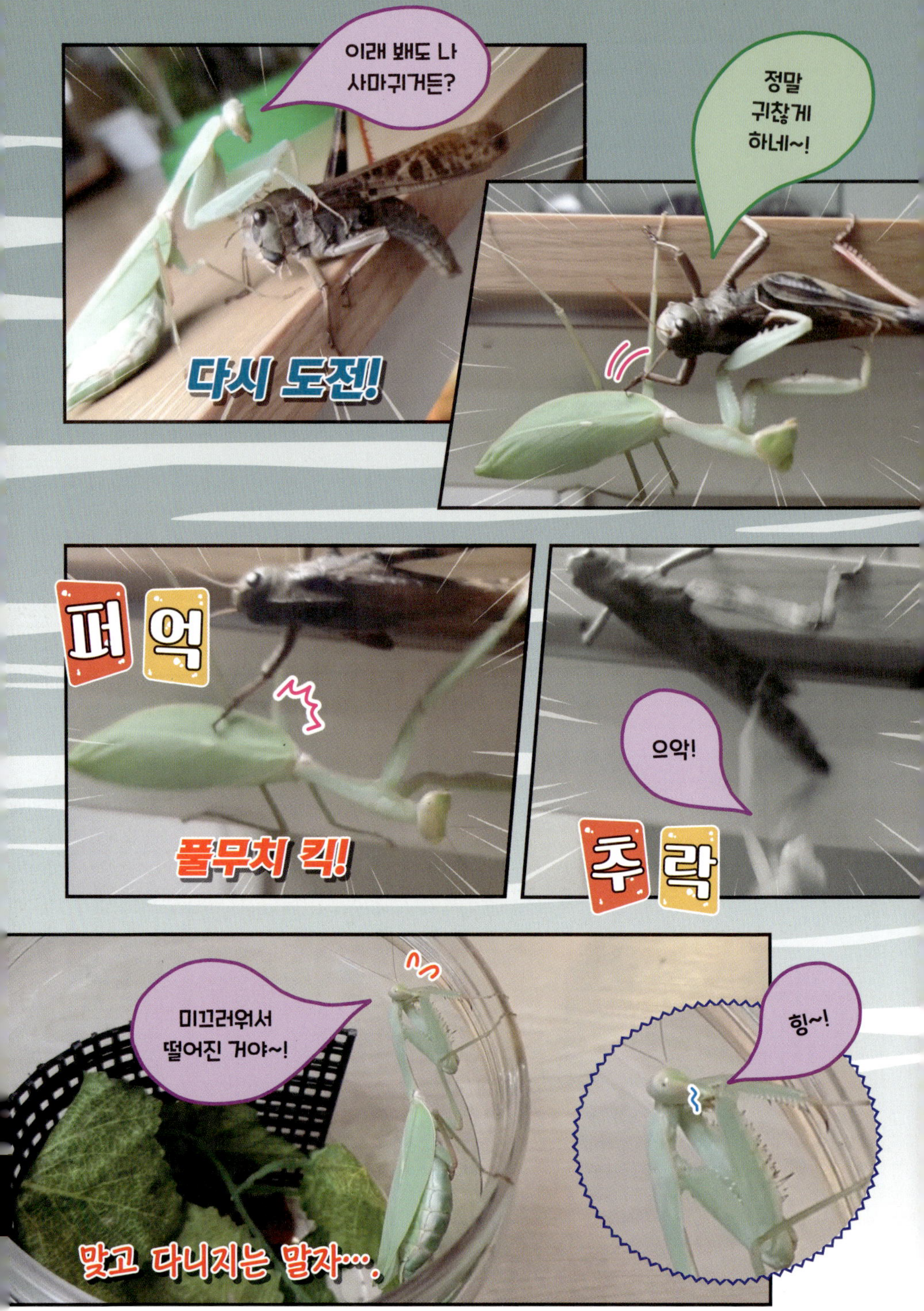

이래 봐도 나
사마귀거든?

다시 도전!

정말
귀찮게
하네~!

정브르의 곤충 탐구

육식을 하는 사마귀의 사냥 실력은 굉장해요.
사마귀를 사육할 때 살아 있는 생물을 직접 사냥할 수 있도록 해야
사마귀의 사냥 본능을 지켜 줄 수 있어요.

영상으로 확인해 봐요!

★정브르의 곤충 탐구★

곤충 이름 : 이끼사마귀

희귀종인 이끼사마귀는 인도네시아, 말레이시아 등 따뜻한 지역에 살아요. 이끼사마귀의 등갑은 쭈글쭈글하고 갑옷을 입은 것처럼 생겼어요.

★정브르의 곤충 탐구★

곤충 이름 : 코로나투스꽃사마귀

인도네시아, 말레이시아에 서식하는 코로나투스꽃사마귀는 난초사마귀라고도 불려요. 색이 예쁘고 꽃과 비슷하게 생겨서 꽃과 함께 있으면 구분이 안 될 정도지요. 이런 생김새 덕분에 꽃으로 위장해서 다른 곤충들을 사냥해요.

영상으로 확인해 봐요!

브르의 미로 찾기

브르가 사슴벌레 채집을 떠났어요.
사슴벌레가 있는 곳으로 브르를 데려가 주세요.

정답은 140쪽에!

3화

삽질왕 브르의 사슴벌레 채집

톱사슴벌레를
채집하러
왔습니다.

나무 밑동 부분에
톱사슴벌레가 많이
있기 때문에
삽을 준비했어요.

삽질을 시작할게요!

브린이를 위한 곤충 상식

사슴벌레의 한살이

사슴벌레가 알을 낳고 2주 후 알에서 1령 애벌레(유충)가 태어나요. 애벌레는 허물을 벗으며 2령 애벌레, 3령 애벌레로 자라난 뒤, 점점 몸이 쭈글쭈글해지면서 번데기로 변하지요. 번데기 시기를 거치고 나면 어른벌레(성충)로 성장한답니다.

와, 여기 엄청 많은데?!

와~!
브르다!

정말 귀엽죠~?

*꽃무지 애벌레도 있네요.

*꽃무지 : 몸에 흰색 점무늬가 있는 딱정벌레목 곤충.

이건 번데기
껍질이에요.

곧 번데기에서
나온 성충을 만날
수 있겠어요.

까
꿍

오! 여기에
있었네요!

넌 누구니~?

드디어 원했던
톱사슴벌레 암컷이
나왔습니다!
땅을 깊게
파다 보면 뿌리 쪽
흙이 있는 곳에 번데기 방을
지었다가 성충이 된
친구들을 발견할 수
있어요.
톱사슴벌레 암컷
또 발견!
뭐야!
톱사슴벌레 수컷
야호!
톱사슴벌레 수컷도
나왔습니다.
색깔이
불그스름하고 턱이
휘어져 있는데
크기가 꽤 커요.
태양 빛을
받으니 더
멋있죠~?
나
멋지지?
늠름

땅을 더 깊게
파니까 수컷들이
나오기
시작했습니다.

반가워~!

1m 이상 파서 나온 수컷

같은 톱사슴벌레인데
크기에 따라서
턱 모양도 굉장히
많이 달라져요.

소형 톱사슴벌레

얼른 어른이
되고 싶어!

톱사슴벌레의
3령 애벌레는
머리 색이 굉장히 진하고
몸통에 누런 형태의
지방이 차 있어요.

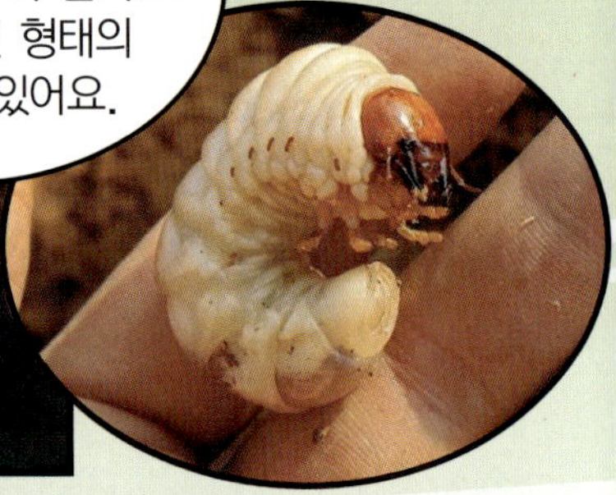

풍뎅이도 있고요,
흰개미도 있길래
먹이로 쓰려고
데려왔어요.
흰개미
뿌듯
깨알 자랑
참넓적사슴벌레
톱사슴벌레
성충은 총 3마리
나왔습니다.
정말 멋있죠~?
저희가
판 땅을 전부
원래대로 덮어 놓고
가겠습니다.
깔끔
채집 후에는
채집 장소를 말끔하게
원상 복구해야
해요.
재미있고 매너있는 채집하세요~!

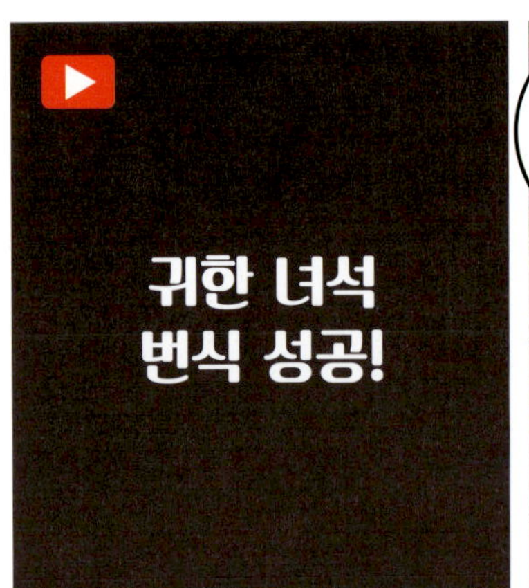
귀한 녀석
번식 성공!

우리나라에서 개체 수가 무척 적은 뿔꼬마사슴벌레의 산란 해체를 해 볼 거예요.
과연 산란을 성공했을까요?

이 안에 산란목을 두 개 넣어 놨었어요.
산란목 : 사슴벌레가 알을 낳을 수 있는 나무
까꿍~!
있다!

첫 번째 산란목을 들어 보니 애벌레 두 마리가 나왔습니다.
꿈틀
꿈틀

본격적으로 산란 해체를 해 봅시다!

*우화 : 번데기에서 날개 있는 성충으로 자라남.

번데기 발견!
생각보다 많이
태어났어요. 정말
기쁩니다!
꿈틀
꿈틀

애벌레들이
다치지 않도록
조심히 나무를
뜯어내야 해요.

조심
조심

두 번째
산란목에도 구멍이
나 있어요.
두둥
이곳에서는 얼마나 나올까요?
꿈틀
계속해서 발견되는
번데기들!
꿈틀

밥 줘!

성충들은 1~2일 정도 밀웜을 잘라서 배불리 먹인 후에 다시 산란 세팅을 하려 해요.

3령 애벌레랑 번데기가 나온 걸 보면 산란한 지 최소 2~3개월 된 것 같습니다.

다른 애벌레들에 비해서 머리가 작죠?

브르다~!
뿔꼬마사슴벌레의 애벌레는 손가락을 가까이 대면 매달리는 특성이 있습니다.

데롱
데롱
너무 귀엽죠~?

암컷은 엉덩이에 난소가 노란색 점 같이 살짝 보여요.
난소

수컷은 난소가 보이지 않고요.

이 친구들은 번데기 시기에 암수를 구분할 수 있어요.
아래쪽에 색깔이 살짝 다르고 밑으로 말려진 생식기가 있는 게 수컷입니다.
소형, 대형 별로 턱의 크기가 차이 나서 생식기로 암수를 구분해야 해요.
이 번데기는 튀어나온 부분이 없으니 암컷이죠.
수컷
암컷
생식기로 구분했을 때 좌측 세 마리가 수컷, 우측 세 마리가 암컷입니다.
잘 키워서 개체 수를 늘려 보겠습니다!

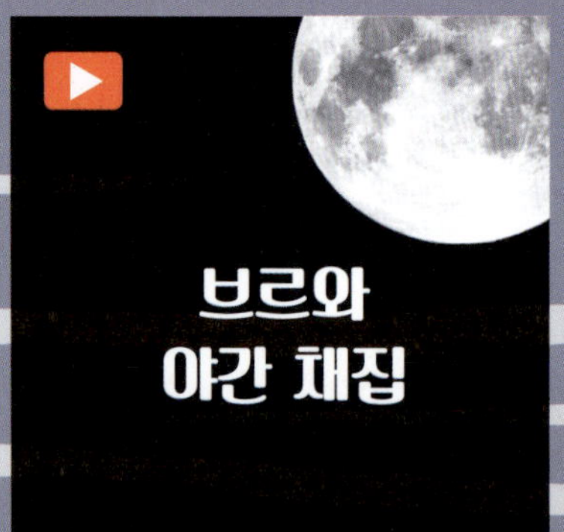

*부화: 알 속에서 새끼가 태어나는 것.

굉장히 작은
수컷이네요.
귀 욤
넓적사슴벌레
암컷입니다.
이 친구도
전국적으로
많죠?

수액이 많이
흐르는 나무에서
곤충들을 쉽게 찾을
수 있어요.

날
찾아내다니!
또 넓적사슴벌레 암컷이 나왔어요.

광택이
안 좋은 걸 보니,
태어난 지 2년 정도
된 것 같아요.
에헴!

높은 곳에서 발견!
휙
휙
그럴 땐 나뭇가지를 이용해요.

오!
내려왔다.

넓적사슴벌레
수컷이에요.
5~6cm 정도예요.
내 뿔
멋지지?
능름

애사슴벌레 커플
한 쌍이 다정하게
수액을
먹고 있어요!
여기 수액
맛집이네~!
알콩달콩

이번에 발견한 애사슴벌레는 턱이 꽤 커요!

브린이를 위한 곤충 상식

사슴벌레를 채집할 때, 나무껍질을 뜯으면 안 돼요. 나무껍질을 뜯으면 수액이 마르고, 사슴벌레나 다른 곤충들의 은신처가 파괴돼요.

신남

사슴풍뎅이도 있네요~.

나 듬직하지?

멋져~!

이번엔 넓적사슴벌레 커플을 발견했어요. 수컷이 엄청 커요!

야간 채집을
끝내고
복귀했습니다.
넓적사슴벌레
수컷 두 마리.
수컷
꼬물꼬물

넓적사슴벌레
암컷 세 마리를
잡았어요.
암컷

이 친구는
애사슴벌레입니다.
어떻게
알았지?!
여기가
이제 내
집이군.
앞으로 브르랑 잘 지내보자~!

정브르의 곤충 탐구

사슴벌레는 광택이 나는 단단한 피부와 큰 턱을 가지고 있어요.
그 큰 턱으로 적을 잡아 조이고 비틀어 던져 버리지요.

영상으로 확인해 봐요!

★정브르의 곤충 탐구★

곤충 이름 : 두점박이사슴벌레

제주도 보호종이자 멸종 위기 야생 생물 2급으로 지정된 두점박이사슴벌레의 몸 색깔은 황갈색 또는 연한 갈색이에요. 앞가슴등판 가운데에 세로줄과 양옆에 검은색 점무늬가 있지요.

★정브르의 곤충 탐구★

곤충 이름 : 기라파톱사슴벌레

기라파톱사슴벌레는 몸과 비슷한 길이의 큰 턱을 가지고 있어요. 기라파톱사슴벌레의 기라파(giraffe)는 기린이라는 뜻이랍니다.

영상으로 확인해 봐요!

4화

장수풍뎅이 아파트 만들기

번데기 방

꼬물꼬물

번데기 방이 진짜 많습니다!

수컷

암컷

*동종 포식 : 같은 종에 속하는 동물끼리 서로 잡아먹는 일.

날
무시하지 마!
수컷에 비해
암컷은 뿔이 무척 작지만
힘이 굉장히 세요.
작은 뿔로도 다른
곤충들을 물리치죠.

꼬물
꼬물
암컷의 수명은
1~3개월인데 짝짓기를
한 번만 해도 죽을 때까지
알을 낳아요. 알을 몸에
품은 채로 죽는
경우도 있어요.
번식력이 대단하죠?

두 번째
통입니다.
저 구멍들이
다 번데기
방이에요.
번데기 방
바로
부어 볼게요.
와르르

아이고~
이 친구는
용화 부전이에요.
낑~!

곤충의 애벌레가
번데기가 되는 것을
용화라고 하는데,
이 과정에서
껍질을 제대로
못 벗고 굳어 버린 걸
용화 부전이라고
하죠.
이런 경우
안타깝지만 회복이
어렵답니다.
속상한 브르!

장수풍뎅이는
6개월~1년 정도의
애벌레 시기에 땅속에서
톱밥, 썩은 나무 등
가리지 않고 아무거나
먹으면서 쑥쑥
자라요.
해충이라 불릴 만했죠~?

몸에 붙은 껍질 발견!
이런 껍질이 있으면 성충이 되는 과정에서 문제가 생길 수도 있어요.
발견 즉시 떼어 주세요!

장수풍뎅이를 키웠던 톱밥은 텃밭에 거름으로 쓰면 굉장히 좋아요.
나중에 뿌려 줄게~!

이제 이 친구들을 안전하게 성충으로 만들기 위해 인공 번데기 방을 만들어 볼게요!
새집으로 이사하는 거야?
와~! 기대된다!

인공 번데기 방 만들기

오아시스
박스에 오아시스(플로랄폼)를 차곡차곡 쌓아 줘요.
오아시스는 인공 번데기 방을 만들 때 많이 쓰여요.

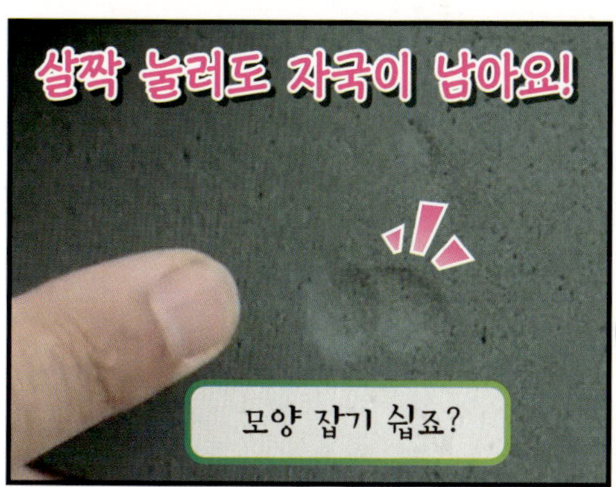
살짝 눌려도 자국이 남아요!
모양 잡기 쉽죠?

콸
콸
콸
여기에 물을 부어 줍니다.

물을 잘 흡수하니까 많이 넣을게요.
물을 다 흡수할 때까지 기다려요.
물에 잠기지 않을 만큼!
번데기를 넣기 전에 흡수되지 않은 물은 빼 줍니다.

얼른
이사 갈래!
번데기의 키
만큼 구멍을 뚫어야
다리를 펼치면서 몸을
지탱하고 허물을
벗는 데 도움돼요.
EXP:10/2022
9293
이리 와서 키 한번 재 보자!

꾸욱
통으로
눌러서 구멍을
만들게요.

꾸욱
아이고,
힘들다!

오아시스가
없다면 휴지나 지점토를
사용해서 번데기 방을
만들 수도 있어요!
브르 힘내라!
끙 끙

자! 그러면
이제 새집으로
가 볼까요?

각자의 방에
하나씩~!

번데기 아파트 완성~!
아늑하다!
브르야,
고마워!

한숨
자야지~!
우화 속도가
각자 다르기 때문에
하루에 한 번씩
확인하여 성충이 된
친구들을 다른 곳으로
옮길 거예요.

번데기의 멋진 변화

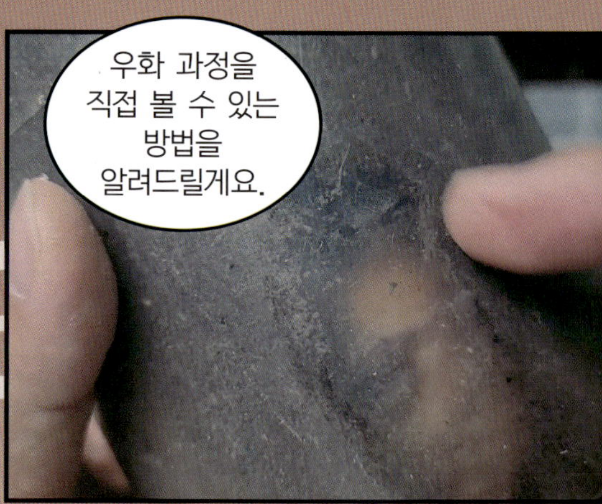
우화 과정을 직접 볼 수 있는 방법을 알려드릴게요.

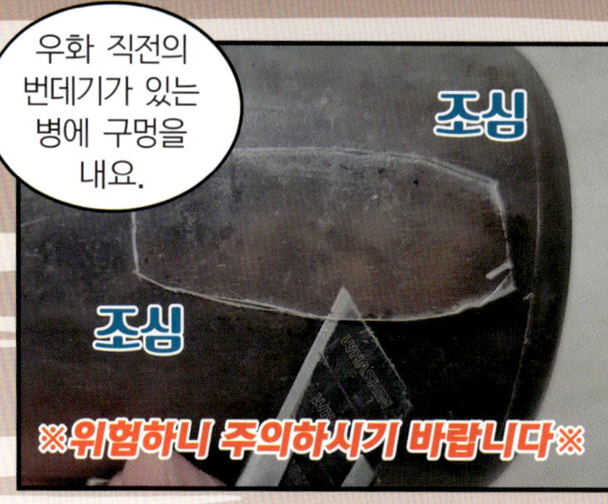
우화 직전의 번데기가 있는 병에 구멍을 내요.
조심
조심
※위험하니 주의하시기 바랍니다※

짠~ 뚫었습니다!
까꿍~!

번데기를 빼서 구멍을 키우고 물을 조금 뿌려 줬습니다.
촉
촉

뿔 안쪽에 희미하게 선이 보이죠?
점점 형태가 잡히고 있어요.

보통 3령 애벌레
시기에 2주 정도
번데기가 될
준비를 해요.
양
전
번데기가 된 후,
보통 2~3주 정도
지나면 성충이 돼요.
온도가 높으면 더
일찍 우화하고요.
잘 봐~!
관찰하기
좋은 환경을 만든 뒤,
다시 넣으면 우화
관찰 준비 완성!
이 번데기 방은
세웠을 때 번데기가
떨어질 수도
있어요.
브린이를 위한 곤충 상식
고무줄을 이렇게 걸어 놓으면
번데기가 떨어질 걱정이 없어요.

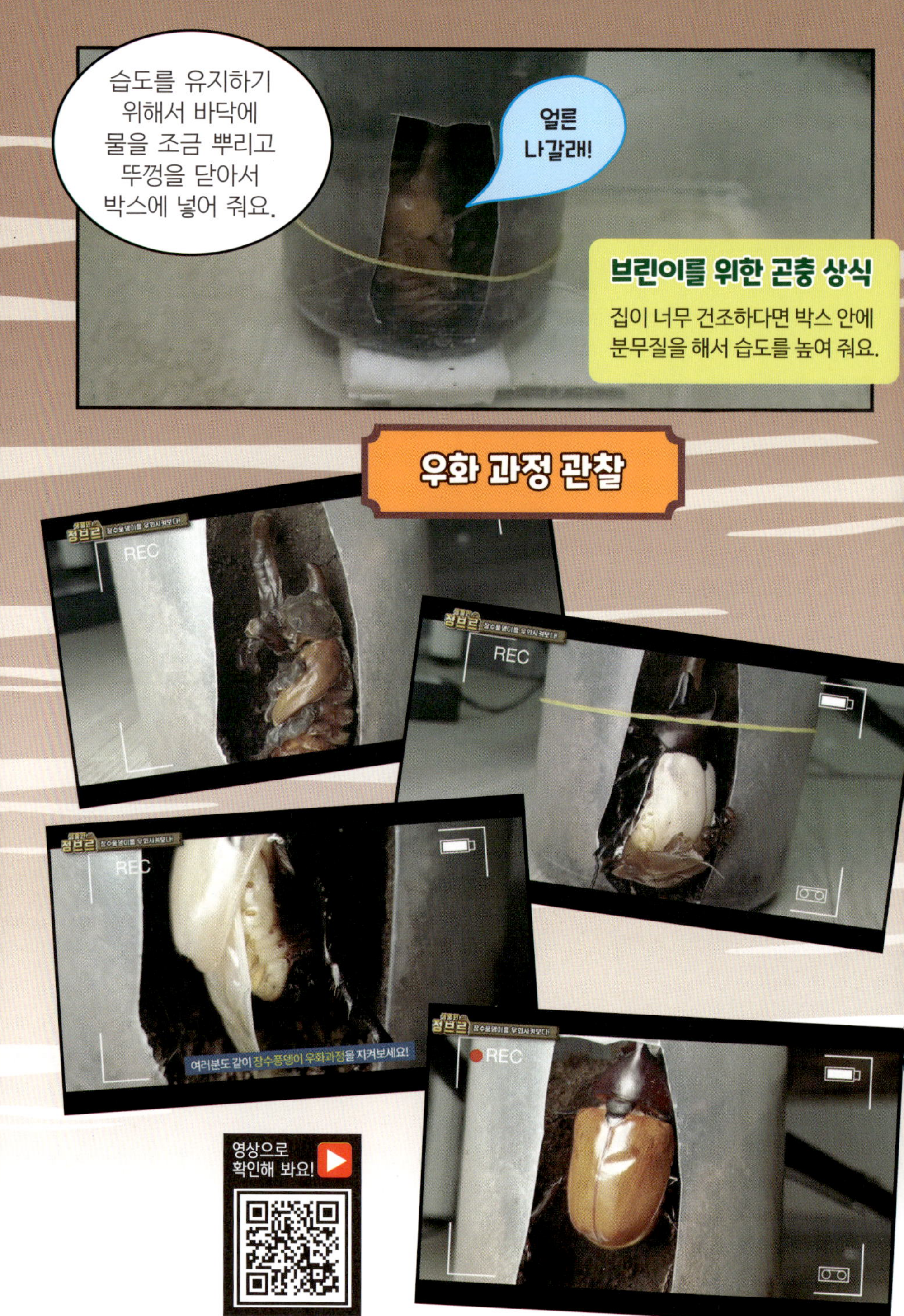
습도를 유지하기 위해서 바닥에 물을 조금 뿌리고 뚜껑을 닫아서 박스에 넣어 줘요.
얼른 나갈래!
브린이를 위한 곤충 상식
집이 너무 건조하다면 박스 안에 분무질을 해서 습도를 높여 줘요.
우화 과정 관찰
REC
REC
REC
여러분도 같이 장수풍뎅이 우화과정을 지켜보세요!
REC
영상으로 확인해 봐요!

여러분도
이렇게 우화 과정을
볼 수 있는 번데기 방을
손쉽게 만들 수
있어요.

변신

너희도
도전해 봐!

장수풍뎅이는
수명이 조금 짧지만,
활동성이나 번식력이
굉장히 좋으니 처음 기르는
곤충으로 추천해요!

장수풍뎅이의 안식처 만들기

이건 장수풍뎅이 알입니다.

알

애벌레의 성장

알에서 2주 정도 지나서 부화하면 1령, 1령에서 3~4주 정도 지나면 2령.

그리고 2령에서 한 달 정도 있으면 3령이 됩니다.

2령 (3~4주)

3령초기

1령 (약2주)

3령중기

*동면 : 겨울이 되면 생물이 활동을 멈추고, 땅속 등에서 겨울을 보내는 일.

브린이를 위한 곤충 상식

사육장을 만들기 위해서 사육통, *부엽토, 놀이목, 먹이를 넣는 공간, 젤리, 곤충 이끼 등을 준비해요.

*부엽토 : 풀이나 낙엽 등이 썩어서 된 흙.

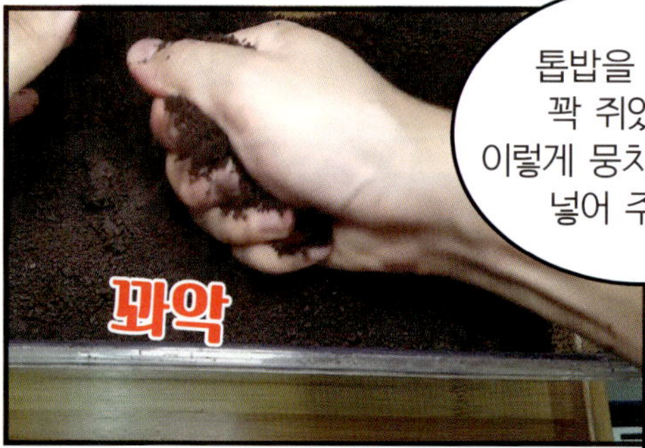

꽈악

톱밥을 손으로
꽉 쥐었을 때
이렇게 뭉치도록 물을
넣어 주세요.

놀이목

놀이목을
예쁘게
넣어 주세요.

아 기 자 기

젤리 그릇도
넣어 줍니다.

쓱

이건 곤충
이끼예요.
곤충 이끼
이렇게
넣어 두면 곤충들이
넘어지는 걸
막아 줘요.
사육장 습도 조절하는 것도 쉬워집니다.

잘 꾸몄죠?
자,
안식처의 모습이
갖춰졌습니다.
짜
잔

젤리
여기에 젤리를 넣어요.

브린이를 위한 곤충 상식

그늘진 곳에 보관하고
온도는 30도가 넘지 않게 유지해 주세요.

정브르의 곤충 탐구

장수풍뎅이는 크고 강한 뿔로 적을 들어 올려서 힘껏 내던져요.
일본에서는 이런 장수풍뎅이를 투구벌레라고도 불러요.

★정브르의 곤충 탐구★

곤충 이름 : 헤라클레스왕장수풍뎅이

세계에서 가장 큰 장수풍뎅이로 알려진 헤라클레스왕장수풍뎅이는 주로 중남미의 열대 우림에 살아요. 길고 큰 뿔로 무거운 것을 잘 들고 힘이 무척 세답니다.

★정브르의 곤충 탐구★

곤충 이름 : 코카서스장수풍뎅이

아시아에서 가장 큰 코카서스장수풍뎅이는 청동색을 띠는 검정색 몸을 가지고 있어요. 3개의 뿔이 있으며, 머리에 짧은 돌기가 나 있는 게 특징이지요.

영상으로 확인해 봐요!

틀린그림찾기

숲속에 다양한 곤충 친구들이 모여 있어요.
왼쪽과 오른쪽 그림을 비교하고 다른 곳 4군데를 찾아봐요.

정답은 140쪽에!

5화
우글우글 타란툴라 알

브린이를 위한 곤충 상식

우삼바라 오렌지 바분이라고도 불리는 어셈바라 오렌지는 몸 색깔이 진한 노란색이에요. 타란툴라는 땅 위를 돌아다니는 배회성(떠돌이성), 땅속에 구멍을 파고 사는 지중성(버로우성), 나무 위에서 사는 교목성(나무위성)까지 3가지 성향이 있어요. 어셈바라 오렌지는 3가지 특성을 모두 가지고 있는 게 특징이에요.

이게 어셈바라 오렌지의 알집이에요.

두둥

찌이익

과연?!

와~!

앗! 눈부셔!

아기 타란툴라

알집에서 꼬물꼬물 아기 타란툴라들!

여기 있는
오너멘탈 바분의 알집은
밖으로 빼서 인공으로 알을
부화시킬 거예요.
알집
뚜껑을 열자 타란툴라 등장!
누구야?!

오너멘탈 바분은
알집을 벽에 붙이고
동글동글하게
만들어요.
산란한 지는
오래되지
않았어요.
건들지 마!
늠름

이 친구
꽤 크네요!
스윽
앗!
뺏겼다!
자, 알집을 옮길게요!

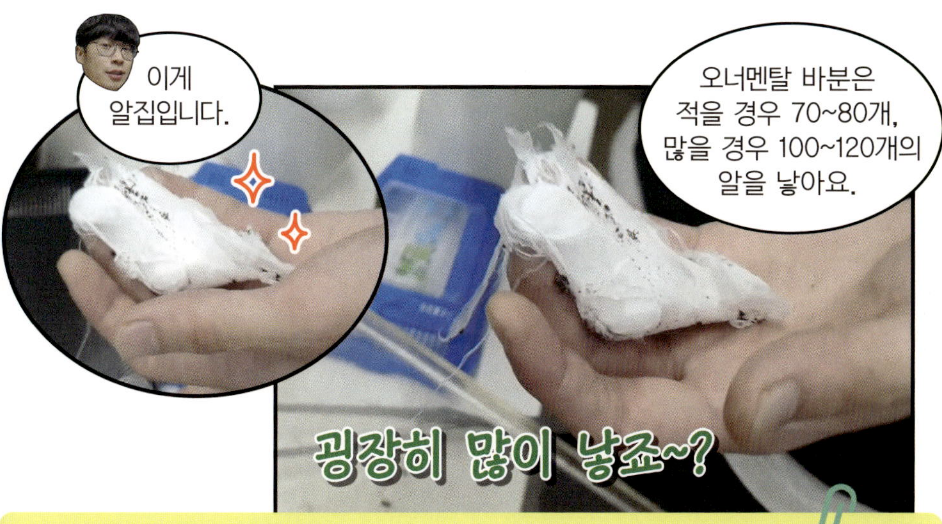

브린이를 위한 곤충 상식

암컷 타란툴라는 알을 낳고 나서 새끼가 깨어나기 전까지 약 한 달 간 먹이도 먹지 않으면서 알을 돌봐요. 하지만 스트레스를 받거나 알의 상태가 좋지 않을 때 자신이 낳은 알집을 먹는 경우도 있지요. 이런 이유로 타란툴라 어미의 안정과 새끼의 성공적인 부화를 위해 인큐베이터를 만들어 인공 부화를 시키기도 해요.

인큐베이터 만들기

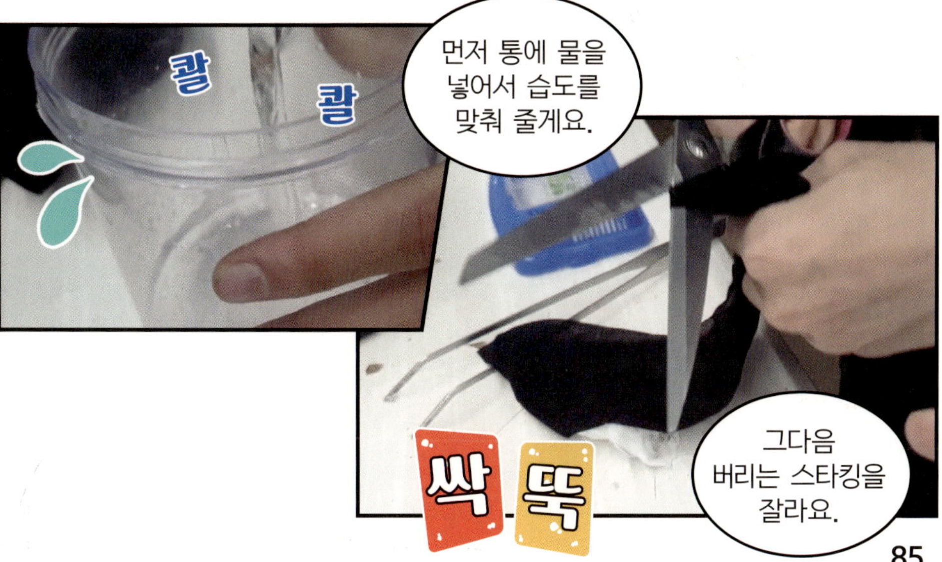

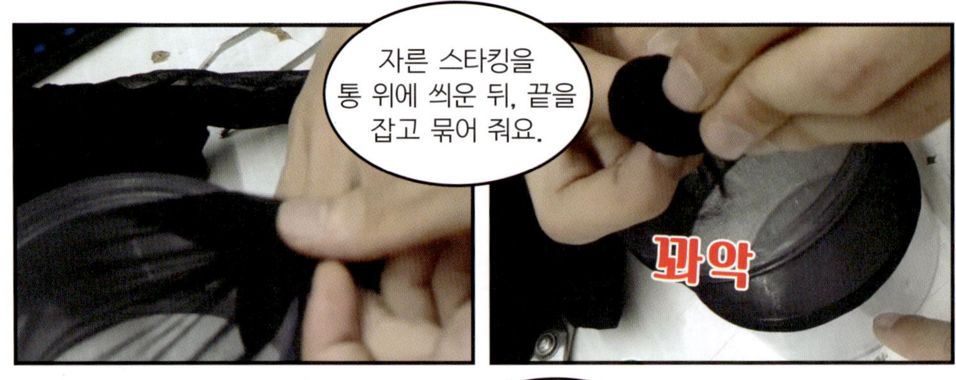

묶은 부분이
통 안에 들어가게
해 줘요.

콕콕

스타킹이 물에
닿지 않도록 높이를
조절해 줘요.

인큐베이터 완성~!

브린이를 위한 곤충 상식

알 안에 기포가 있으면 부화가 되지 않는 무정란일 가능성이 커요.

*유정란 : 부화하여 새끼가 될 수 있는 알.

이제 뚜껑을
닫고 부화를
기다리면 돼요.
나중에 만나!

이번엔
타란툴라 번식을
시도해 봅시다!

탈피 껍질
바히아스칼렛버드이터
바히아스칼렛버드이터 암컷입니다.

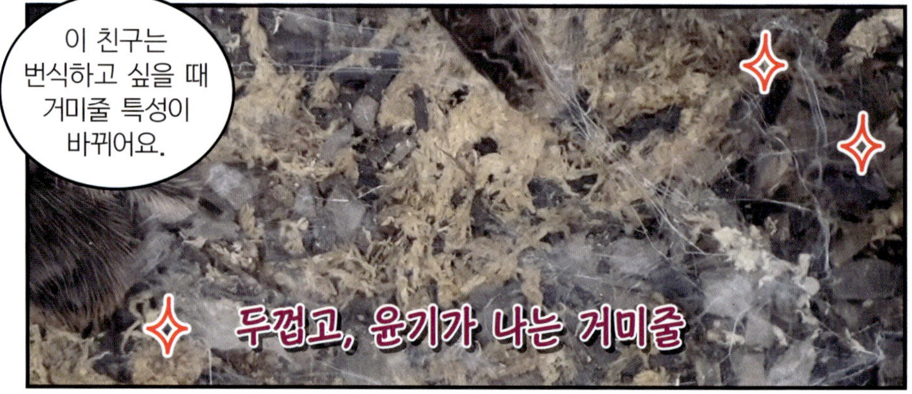
이 친구는
번식하고 싶을 때
거미줄 특성이
바뀌어요.
두껍고, 윤기가 나는 거미줄

손 크기랑
비슷하죠? 굉장히
큰 대왕 타란툴라
중 하나예요.
내가
좀 크지!

수컷
암컷을 만나러 Go~!
타란툴라도
사마귀처럼 짝짓기 후에
수컷이 잡아먹힐 수
있어요.
설렌다~!

수컷이 서서히
암컷에게 다가가고
있네요.
넌 누구야?
안녕!
서로를 탐색 중.

오!
지금 분위기가
좋은데….

흠….

퍼억

헉!

아이고!
잡아먹힌다!

끄아아!
살려 줘!

긴급 상황!!

핀셋으로 수컷을 구출!

대실패입니다….

칫!

ㅠㅠ

배가 고파서 수컷을 잡아먹으려고 한 것 같습니다.

독도 없고 사육 난이도가 쉬운 편이에요.

그런데 수명이 짧아서 금방 이별하게 되죠….

힝~!

앞을 거의 못 보지만 털이 굉장히 예민해서 바람이나 진동을 잘 느껴요.

쭈뼛

쭈뼛

다음에 또 봐~!

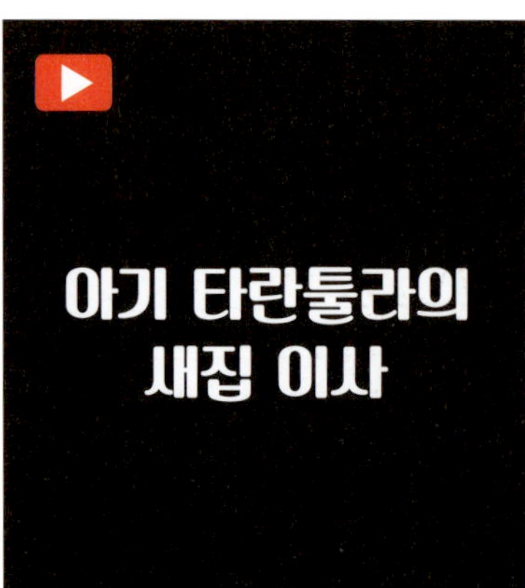

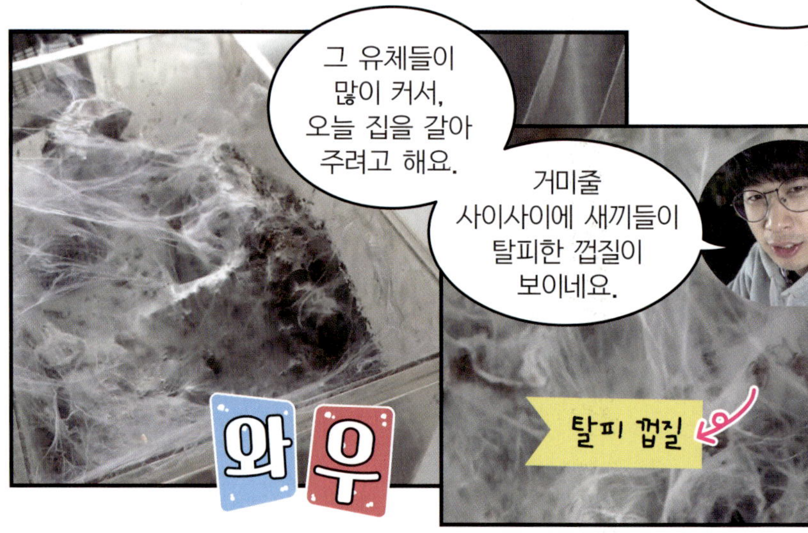

브린이를 위한 곤충 상식

소코트라 아일랜드 블루바분이라고도 불리는 소코트라 블루바분은 사회성이 있는 개체로 널리 알려져 있어요. 단체로 사육해도 서로 잡아먹지 않지요.

오싹오싹
어미가 갑자기 튀어나와서 물 수도 있기 때문에 조심해야 합니다.
거미 굴
저기 거미 굴이 있네요.
찾았다! 어미가 새끼들을 지켜 주고 있어요.
누구야!
넌 뭐야?
미안해, 잠깐만 나오자.
긴장
후훗, 내가 좀 예쁘긴 하지!
어미가 새끼를 돌보면서 몸 색깔이 옅어졌지만 정말 예쁘죠?
낑낑
굴에서 빼내느라 고생했네요.

도망
짜릿
어림없지!
내 새끼들은
내가 지킨다!
ㅋㅋㅋ
다시 들어가 버렸네….

살살
어미를
다시 떼어
놓을게요.
핀셋으로 조심조심….

저리 가!

잡았다!
빨리
옮겨 줘~!
이 친구는
예쁜 집으로
옮겨 줄 거예요.

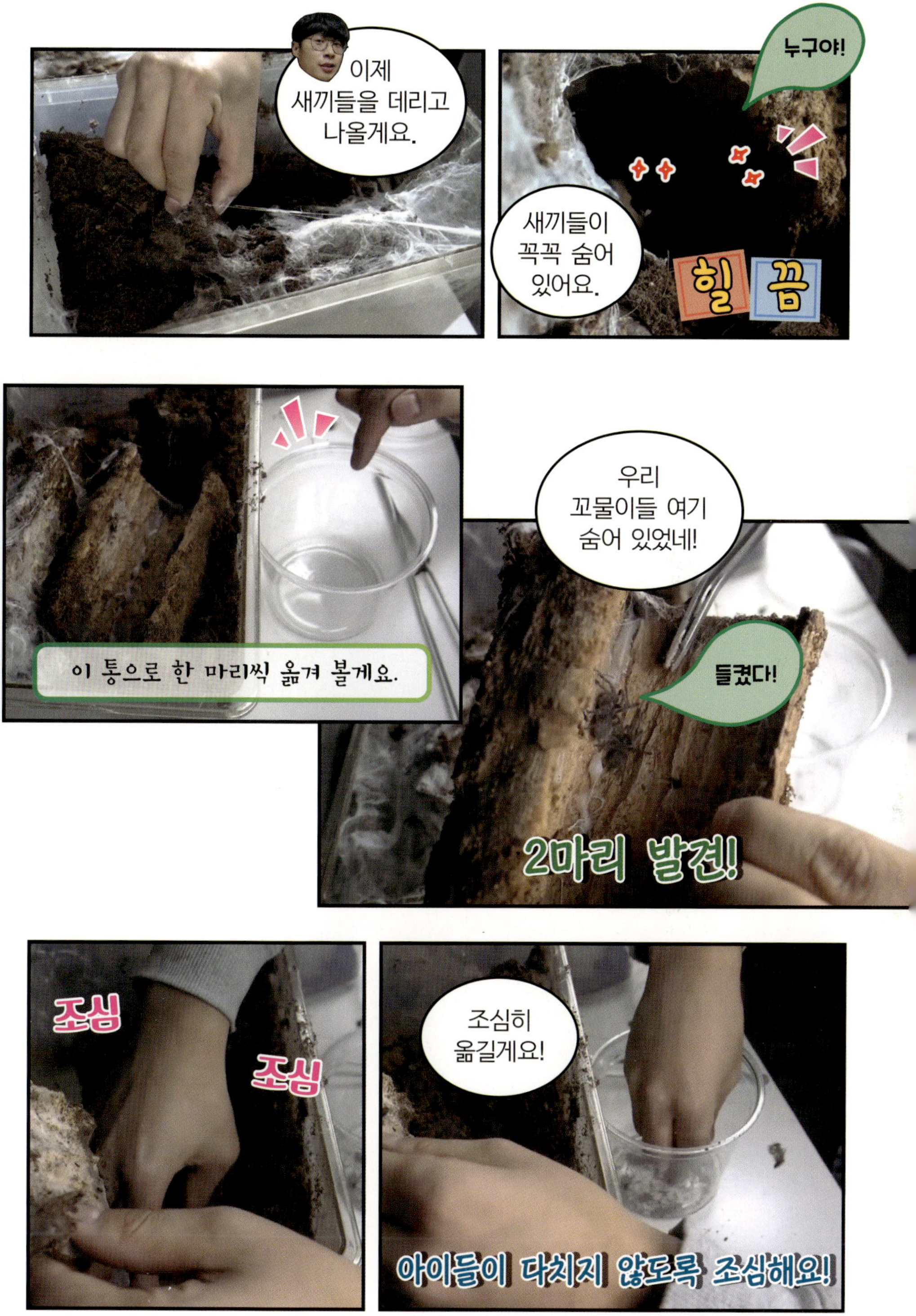

이 통으로 한 마리씩 옮겨 볼게요.

우리
꼬물이들 여기
숨어 있었네!

들켰다!

2마리 발견!

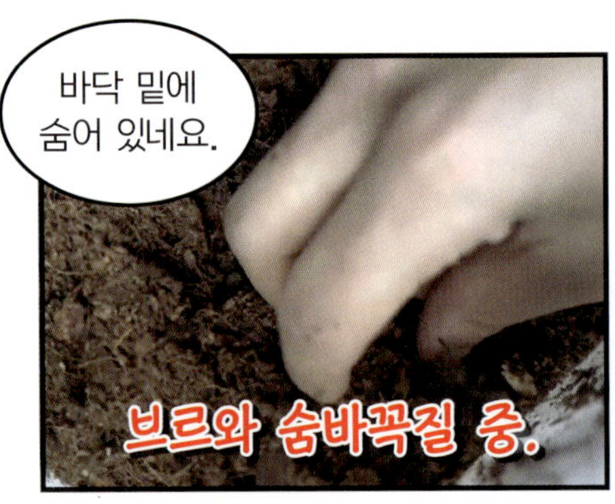
바닥 밑에
숨어 있네요.
브르와 숨바꼭질 중.

싫지롱~!
꼬마야, 들어가. 어서~!

왜 자꾸
도망가니!
대화를 시도해 보지만….
어림도
없지!
ㅠㅠ
더 좋은 집으로 가는 거라니까?

꼬물이들이 많죠?
전부 찾느라
고생했네요.
바글
여긴
어디야?
바글
이사 간대!

예전에는
콩알만 했었는데,
지금은 손가락 한 마디
정도 되네요.
많이
컸지?
브르
아빠~!
오구오구

짜잔~! 제가
꾸민 집이에요.
코코넛 은신처
이 친구들은
거미줄 치는 솜씨가
대단하기 때문에
집은 간단하게
꾸몄어요.

이 친구들이
나중에 거미줄을
이렇게 멋지게
만들 거예요.
한 마리씩
옮기면서
총 몇 마리인지
세어 볼게요.

조심
안전이사

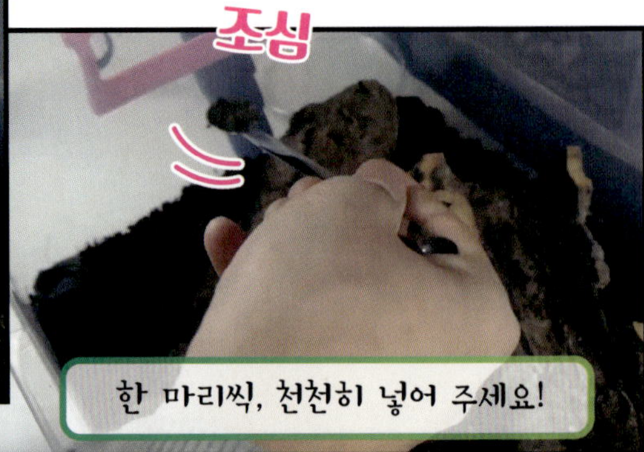
조심
한 마리씩, 천천히 넣어 주세요!

버티는 중
가기 싫어!
신남
와! 총 24마리 들어갔습니다.

지금 친구들이 여기저기 숨어 있는데,
이제 흩어져서 거미줄을 칠 거예요.
여기 꽤 좋은걸~?
기대
친구들이랑 같이 잘 지내렴!

정브르의 곤충 탐구

타란툴라는 독을 지닌 절지동물이에요.
물어서 공격을 하기도 하지만, 털에도 독이 있어서 피부에 닿으면 무척 따갑죠.

★정브르의 곤충 탐구★

곤충 이름 : 구티 사파이어 오너멘탈

사파이어처럼 파란 색깔이 나서 사파이어 타란툴라라고 불리기도 해요. 움직임이 매우 빠르고 공격적인 편이지요.

★정브르의 곤충 탐구★

곤충 이름 : 소코트라 블루바분

거미 굴속에서 지내다가 먹이를 발견하면 뛰쳐나와서 사냥하지요. 대부분의 타란툴라는 단독 생활을 하지만, 소코트라 블루바분은 사회성이 있어서 단체 생활을 할 수 있어요.

6화

폭탄먼지벌레를 개미에게 준다면?!

홍단딱정벌레는 원래 몸에서 강한 산을 내뿜어요. 하지만 이 친구들은 자연에서 먹이를 잡아먹으며 자란 게 아니라서 강한 산을 내뿜진 못할 거예요.

브린이를 위한 곤충 상식

독이나 산과 같이 자신을 방어하는 액체는 다양한 생물을 사냥해 먹으면서 강해지는 경우가 많아요.

등 색깔이 정말 예쁘네요!

오, 내가 좋아하는 간식~.
먹이를 줘 볼게요.
냠
귀뚜라미
냠
말을 굉장히 잘 들어서 키우기 좋아요.
얌전
냠
이해불가
낑 낑
그런데
꼭 거기서 먹어야겠니…?
앗! 오줌 쌌네? 냄새가 엄청 심각한데요?
사실 이 친구들은 몸에서도 독한 냄새가 나요. 그래도 매력적인 곤충이랍니다.
구리
구리
우리 한번 키워 봐.
냠 냠

브린이를 위한 곤충 상식

방귀벌레라고도 불리는 폭탄먼지벌레는 항문 주위의 분비샘에서 뜨거운 독가스를 내뿜어요. 다양한 동물들이 폭탄먼지벌레를 잡아먹었다가 이 뜨거운 독가스를 맞고 다시 뱉어 내지요.

흥미진진 곤충 배틀
VS
최강
곤충 배틀을
시작합니다!

준비됐어?
들어가
볼까?
버둥
버둥
난
맛없다고!

으악!
여기가
어디야?
선수 입장!

얼른
먹이를
옮기자!
밀웜
제가 키우고 있는
홍가슴개미의 사육장에
폭탄먼지벌레를
넣었습니다.
누가 이길지 궁금하네요.

홍가슴개미는
방어 행동을 하거나
사냥할 때 산을
많이 써요.
아직 누가 들어온지
눈치 못 챔.
여긴
어디야ㅠㅠ!

헉,
들켰나?
응?
이게 무슨
냄새지?
개미들이 뭔가
냄새를 맡은 것
같아요.
? ?
추격전 시작!

자연 세계에서는
개체 수도 많고 단합도
잘 되는 개미야말로
최상의 포식자라고
생각해요.
잘 도망 다니는 중.
침입자가
있는 것 같아!
개미
무서워!

여왕개미
알
여왕개미는
알을 지키고 있고,
병정개미는
출격했어요!
출동!
우르르!
여기 침입자
발견!

병정개미가
폭탄먼지벌레를
데려가네요.

힘이
제일 센 내게
맡겨!

질 질

이건
치워 버리자.

너네 밀웜
맛없었구나?

황당

더 맛있는 먹이가 와서 밀웜을 버리네요.

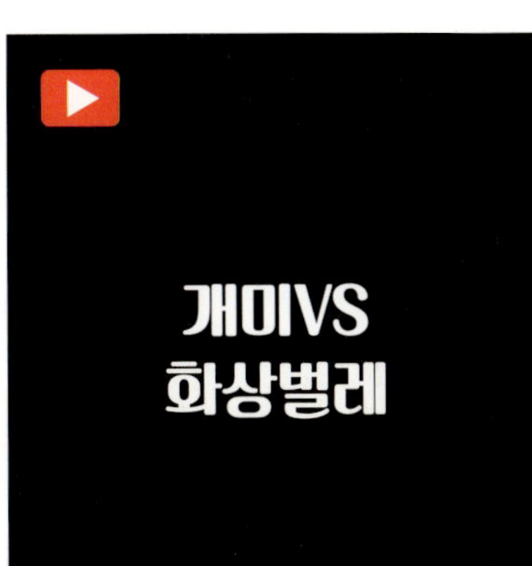

브린이를 위한 곤충 상식

우리나라 완주에서 처음 발견된 화상벌레는 '페데린'이라는 독성 물질을 갖고 있어요. 이 독액에 닿으면 일정 시간이 지난 뒤, 피부에 물집이 잡히는 등 피부에 염증을 일으킨다고 해요.

어때,
개미랑
비슷하게
생겼지?
화상벌레
사실 이 친구의
진짜 이름은 따로 있어요.
날개가 등의 반만 덮고 있어서
청딱지개미반날개라고
해요.

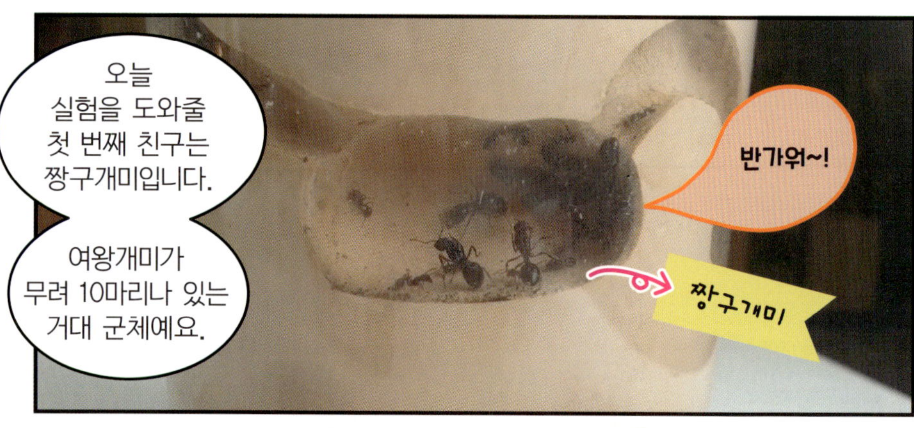
오늘
실험을 도와줄
첫 번째 친구는
짱구개미입니다.
여왕개미가
무려 10마리나 있는
거대 군체예요.
반가워~!
짱구개미

두 번째
친구는 일본
왕개미입니다.
알과
여왕개미 1마리,
일개미 3~4마리가
있는 소군체입니다.
일본 왕개미
아,
심심해.
무슨 재미난
일 없나?

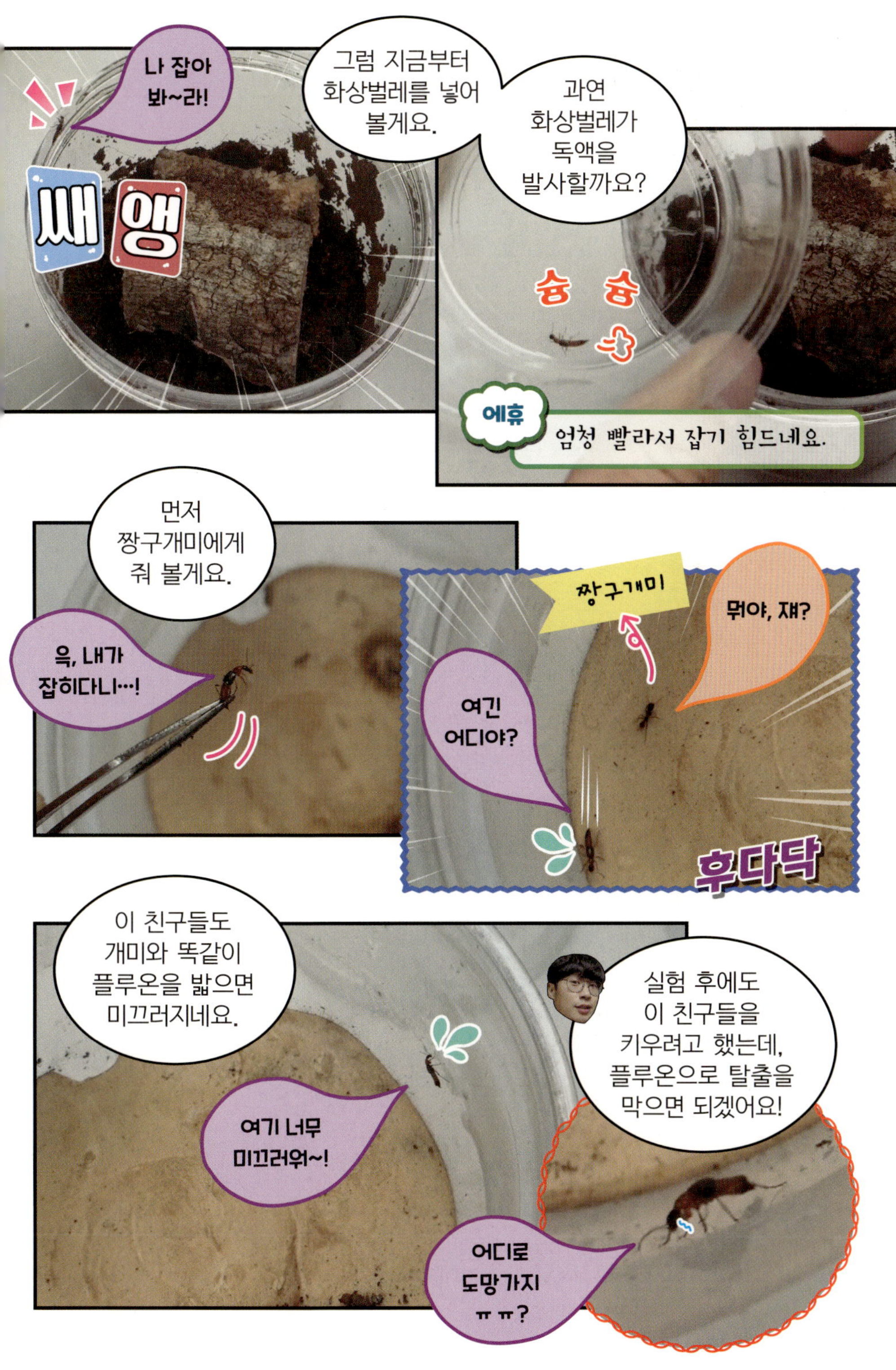
나 잡아 봐~라!
쌔앵
그럼 지금부터 화상벌레를 넣어 볼게요.
과연 화상벌레가 독액을 발사할까요?
슉 슉
에휴
엄청 빨라서 잡기 힘드네요.
먼저 짱구개미에게 줘 볼게요.
윽, 내가 잡히다니…!
짱구개미
뭐야, 쟤?
여긴 어디야?
후다닥
이 친구들도 개미와 똑같이 플루온을 밟으면 미끄러지네요.
여기 너무 미끄러워~!
실험 후에도 이 친구들을 키우려고 했는데, 플루온으로 탈출을 막으면 되겠어요!
어디로 도망가지 ㅠㅠ?

거기 서!
화상벌레가
엄청난 속도로
도망 다녀서 실험이
길어질 것 같네요.
후다닥
도망
가자!

여긴
어디…?
그럼 일본
왕개미 집에도
넣어 볼게요.

넌
누구냐!
여왕개미가 눈치챘어요!

도망갈
곳이 없어!
잡아라!
분주해진 개미들.
앗, 화상벌레가
뭔가 액체를
뿜은 것 같은데요!
과연 개미에게 타격이
있을까요?
다들
공격해!

화상벌레가
너무 쉽게
당했어요.

여왕개미가 훨씬 강했던 걸까요?

더 이상
갈 곳이
없어….

이곳은 다시
짱구개미 집입니다.
화상벌레가 구석에
숨어 있네요.

36시간 후

과연 화상벌레는 어떻게 되었을까?

일본 왕개미한테
당했던 화상벌레는
안 보여요.

개미들이 다 먹어 치운 건가?

무슨 일
있었어?

그런데
개미는 멀쩡해요.

짱구개미 집의
화상벌레도 안 보여요.
개미들도 전혀 피해를
입지 않았고요.

멀쩡

머쓱
제가 약한 화상벌레를 잡은 걸까요?

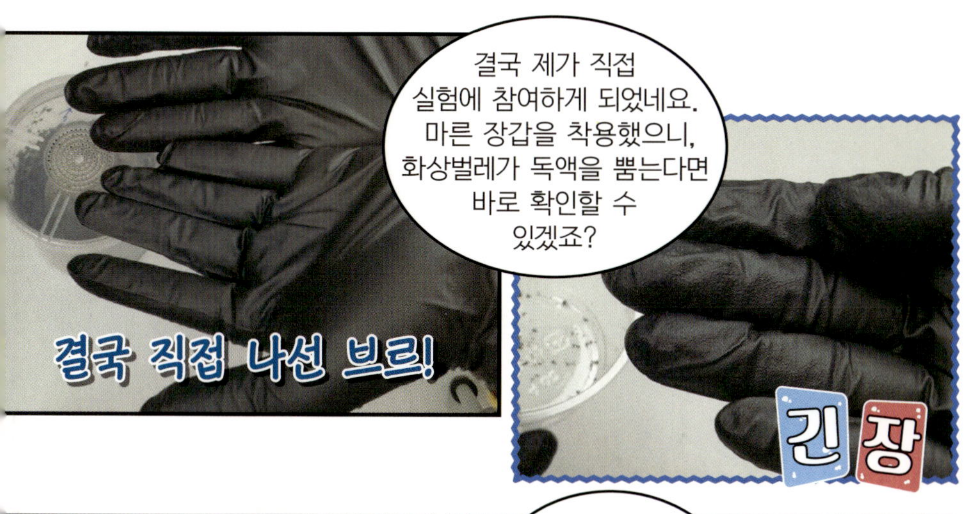

※실험은 실험일 뿐 실제 피해 사례가 있으므로 주의하시기 바랍니다.

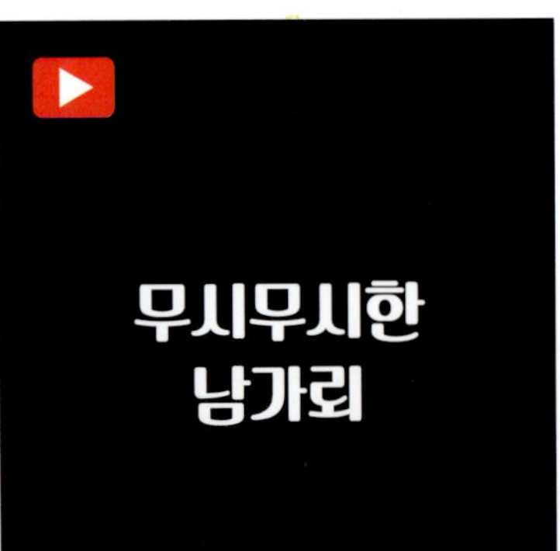
무시무시한
남가뢰

오늘 소개할 친구는~?
두둥
지독한 독성을 가진 남가뢰입니다.

굉장히 강한 독성을 내뿜기로 유명해요.
반가워~!
등장
암컷
이 친구는 성충 암컷이고 3cm 정도 돼요.

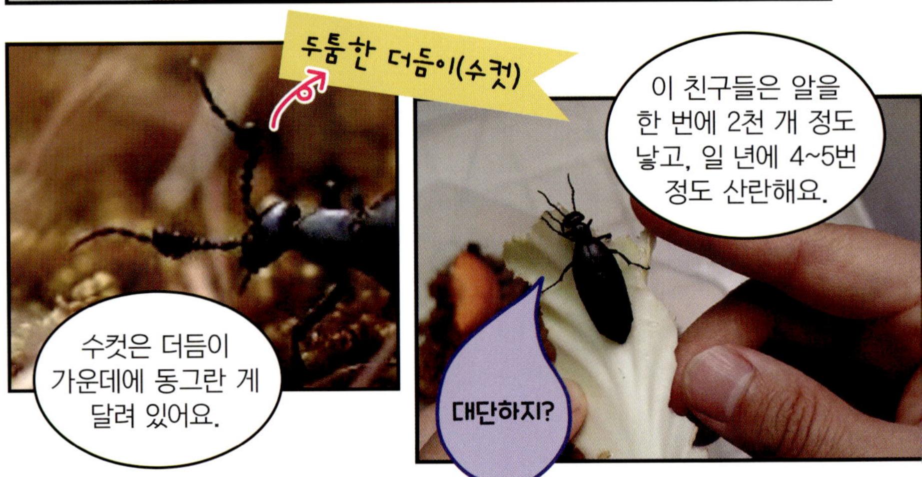
두툼한 더듬이(수컷)
수컷은 더듬이 가운데에 동그란 게 달려 있어요.
이 친구들은 알을 한 번에 2천 개 정도 낳고, 일 년에 4~5번 정도 산란해요.
대단하지?

남가리의 알은
부화한 뒤,
식물의 잎에
달라붙어요.
그런고 이걸
꽃으로 착각한
벌이 다가오죠.
그럼 애벌레들이
벌한테 붙어서 벌집까지
따라가고, 벌집의
알을 잡아먹어요.
벌에게 옮겨 간 1령 애벌레들.

2령부터
7령까지는 벌집을
전부 뜯어
먹어요.
다 내 거야!
쫓아오기
성공!
몸이
무겁네?
벌집 가서 먹고사는
특이한 생태!

남가뢰의 한살이
벌집에 기생해서
살기 때문에
가정에서는 키울 수
없어요.
신비한 자연의 세계~!

애벌레일 때는
육식을 하지만
성충이 되면
채식을 해요.
야채가
좋아!
채식주의
정말 독특한 친구죠?

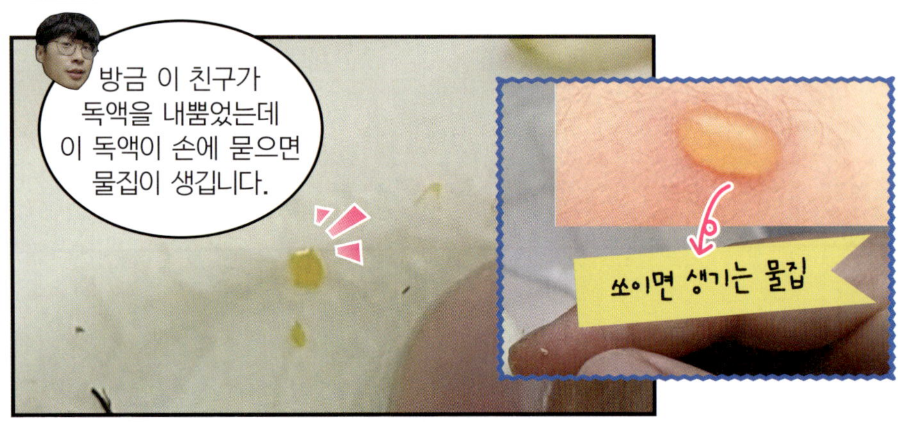
방금 이 친구가
독액을 내뿜었는데
이 독액이 손에 묻으면
물집이 생깁니다.
쏘이면 생기는 물집

이 친구들은
꼬리가 아니라
다리 관절 사이에서
독액을 내뿜어요.
경고
이 친구를 만나면 절대 만지지 마세요!

정브르의 곤충 탐구

우리 주변에는 공격성을 지닌 생물도 있어요.
사진과 닮은 곤충을 보면 가까이 가지 말고 피해야 해요.

★정브르의 곤충 탐구★

곤충 이름 : 큰집게벌레

큰집게벌레는 꼬리 부분에 달린 집게로 먹이를 잡아요. 위협을 느끼면 몸을 구부려서 집게를 전갈처럼 세워 방어하지요.

극동 쐐기 나방 애벌레

★정브르의 곤충 탐구★

곤충 이름 : 극동 쐐기 나방

우리나라에 약 25종의 쐐기 나방이 있어요. 극동 쐐기 나방의 애벌레는 몸이 무척 딱딱하고, 솔잎 같이 생긴 가시를 손으로 만지면 쏘일 수 있어요.

영상으로 확인해 봐요!

타란툴라의 미로 찾기

아기 타란툴라가 길을 잃었어요.
엄마 타란툴라가 있는 곳으로 데려가 주세요.

정답은 140쪽에!

브르랑 같이
정글의 다양한
생물들을 구경해
볼까요?

채집장으로 가는 중~.

이 친구들은
침노린재
같네요!

반가워~!

잔뜩 신남
코뿔소를 닮은
신기한 친구네요~.
꽃무지 발견!
우리나라
꽃무지랑 거의
똑같이 생겼다.
와! 이 친구는
색이 정말
예뻐요.
진짜 멋있는
가시개미가
있네요~.
이 친구는
낙엽처럼
생겼어요!
나무 안에
사슴벌레도
있어요!

이곳에 있는 곤충 친구들을 다 만나 보고 싶네요.
아름다운 정글의 모습!
아유, 귀여워! 반갑다.
브르, 안녕~!

작은 친구 안녕!
인도네시아에 온 걸 환영해!

꼬물꼬물
나무를 들췄더니 애벌레도 있어요.

브르한테 사인 받자!
와~! 거미가 엄청 모여 있어요.
우글우글
와, 매미 껍질이다!
잔뜩 신난 브르!

앗, 저건?

덥석

넌 뭐야?!

신기

용머리 여치를 잡았어요!

와~! 이빨이 엄청 크죠?

온몸에 가시가 굉장히 많이 나 있어요.

맨손으로 만지면 아플 걸?

*리옥크 : 인도네시아 등 동남아 지역에 사는 여치과의 대형 곤충.

데려가고
싶은데 채집통이
없으니까….
여기에
들어가라고?
장갑에 넣어야겠다.

스윽
끄아악!
미안
조금만 버텨 줘~.

안녕!
굉장히
큰 메가볼이
나왔어요.
공벌레랑
비슷하게
생겼죠?
동글동글

채집한 곤충들을
구경하면서 좀
쉬어야겠어요!
나
키워 볼래~?
이렇게 브르의 첫 번째
채집이 마무리됩니다.

브린이를 위한 곤충 상식

등화 채집은 밤에 활동하는 곤충들이 밝은 불빛을 향해 날아오도록 유인해서 채집하는 방법이에요.

제가 꼭
보고 싶었던 육식
곤충 최강자 리옥크를
잡으러 가려고요.
리옥크
사냥에 나선 브리!
과연 리옥크를
만날 수 있을까?

저벅
저벅
리옥크를 찾으러 출발했습니다.

까꿍
안녕?
너 우리나라
왕바구미랑
똑같이 생겼다!

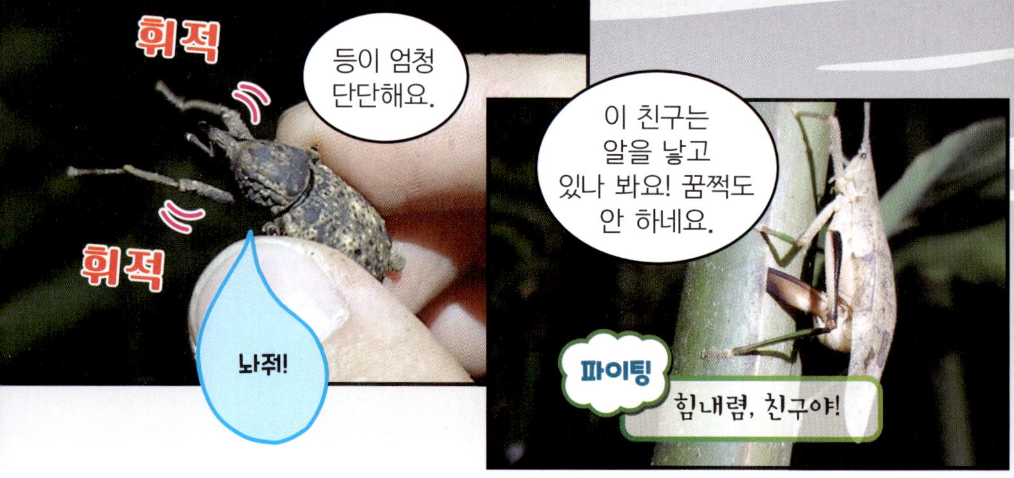
휘적
휘적
등이 엄청
단단해요.
놔줘!
이 친구는
알을 낳고
있나 봐요! 꿈쩍도
안 하네요.
파이팅
힘내렴, 친구야!

와,
도마뱀이다!
귀여워~.
나랑 놀자~!
ㅋㅋㅋ
왜 이렇게 온순해? 도망을 안 가요.
용머리
여치가 또
나왔어요.
브르,
안녕~!
조금 작은 친구네요~.
개굴
와! 개구리도
만났어요!
리옥크다!
드디어 발견?!
나도
예뻐해
주라고!
앗, 비슷하게
생겼지만 아니네요.
리옥크는 언제
나타날까요?

진짜
리옥크?
너네
뭐야!
두 둥
리옥크
우와!

드디어 만났어요!
세계에서 가장
크다고 알려진
여치입니다.
수컷
이거
놔라….
엄청 크고
사나워요!
행복한 브르!

이빨이
굉장히 크죠?
물리면 아플
것….
콰 악
끄아악!
진짜 물림!

다시 잡힘.

흥!

날 건드리면 후회할 거야!

후덜덜

역시 육식 곤충 최강자답네요….

리옥크는 암컷이 최대 12cm까지 큰다고 알려져 있어요.

힘도 엄청 세요.

성공적인 채집!

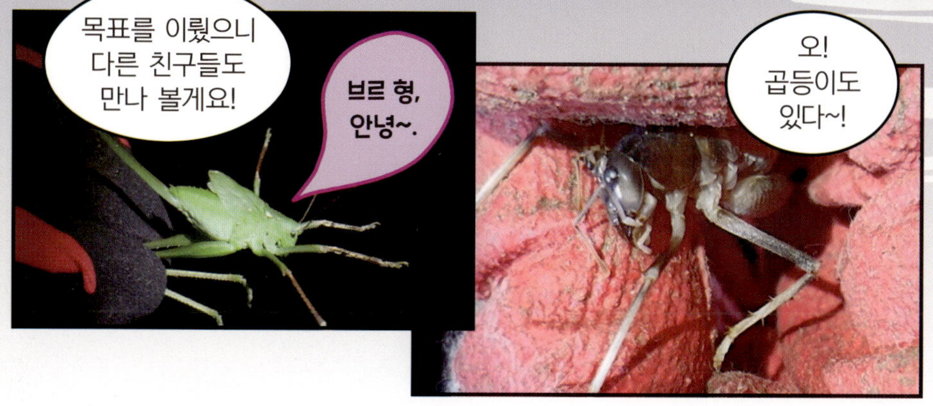

와, 이 친구는 굉장히 독특하게 생겼네요.

정글에는 정말 다양한 생물들이 있네요.

리옥크에게 물려서 아프지만…. 그래도 행복한 채집이었어요.

브르와
야간 등화 채집

다시
등화 채집을
하던 곳으로 돌아가고
있습니다.

두근두근
어떤
친구들이 놀러
왔을까요?

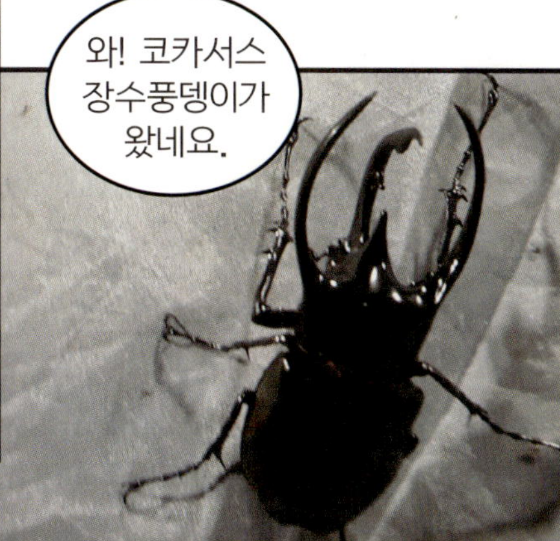
와! 코카서스
장수풍뎅이가
왔네요.

황금색
사슴벌레예요!
이런 친구까지
만나다니!
인도네시아에 온
보람이 있네요.
정말 예쁘죠~?

간질간질

다리 느낌이 이상해~!

엄청
크네요.

나
귀엽지?

길쭉

저 사람은
누구야?

쟤가
브르래!

벌 친구들 안녕~?

이 친구는
몸 색깔이
특이하네요!

코카서스장수풍뎅이를
잡는 방법을
알려드릴게요.

어떻게
알았지?!

이렇게
가슴에 난 뿔을
잡고 들면 돼요.

투닥 투닥

헉

싸우면 안 돼!

으아악!
항복!

꽈악

아이고, 사이좋게 지내야지!

이 친구는
나방인가 봐요!
와!
나뭇잎 같이
생겼다!
너는 황금색이
더 선명하다!
뿔이 엄청
예쁜걸?
몸 색깔이 무척
알록달록하다!
커플도
있네요~.

맴
맴
와! 초록색 매미입니다.

통통한 귀뚜라미 친구도 있어요~.
어허! 통통하다니!
귀 염

너네도 브르 보러 왔니?
응! 너도?
모두 만나서 반가워!

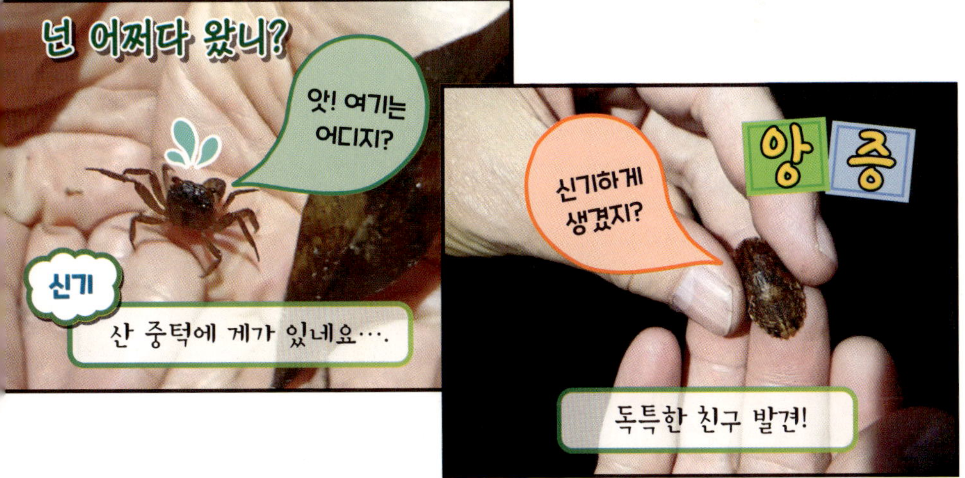
넌 어쩌다 왔니?
앗! 여기는 어디지?
신기
산 중턱에 게가 있네요….
앙 증
신기하게 생겼지?
독특한 친구 발견!

나를
발견하다니!
와,
낙엽사마귀다!
처음 봐요!
나뭇잎과 똑같이 생겼죠~?

나는
잡지 마!
여기
용머리 여치가
또 있네요. 우리
자주 만난다.
정말 신기한
생물이 많죠?
안녕~!

이번 정글 채집
덕분에 자연의 아름다움을
제대로 느낄 수 있었어요.
역시 세상은 넓고!
생물은 많네요!

정브르의 곤충 탐구

색이 아름다운 생물, 다리가 많은 생물 등 세상에는 정말 다양한 생물이 존재해요. 우리가 흔히 볼 수 없는 멋진 생물을 알아보아요.

영상으로 확인해 봐요!

★정브르의 곤충 탐구★

곤충 이름 : 비단벌레

몸에서 화려한 광택이 나는 비단벌레의 날개는 예전부터 장식용으로 사용되어 왔어요. 우리나라에서는 멸종 위기 야생 생물 1급으로 지정되어 보호받고 있지요.

★정브르의 곤충 탐구★

곤충 이름 : 밀리패드

밀리패드는 절지동물로 다리가 400~600개 정도로 무척 많아요. 위기감을 느끼면 액체를 내뿜으며 몸을 방어하지요.

영상으로 확인해 봐요!

정브르의 곤충 탐구

브르가 만났던 다양한 곤충을 탐구해요!

★정브르의 곤충 탐구★

곤충 이름 : 포세이돈 버드윙

주로 동남아시아에 사는 버드윙 나비는 전 세계에서 가장 큰 나비 종류예요. 포세이돈 버드윙은 멸종 위기 1급 생물로 날개의 색이 무척 아름다워요.

★정브르의 곤충 탐구★

곤충 이름 : 대벌레

나뭇가지처럼 생긴 대벌레는
죽은 척하기 달인이에요.
숲속 나무에서 생활하며 적에게
공격당하면 다리를 떼어 버리고
달아나기도 해요.

영상으로 확인해 봐요!

★정브르의 곤충 탐구★

곤충 이름 : 반딧불이

개똥벌레라고도 불리는 반딧불이는 엉덩이 부분에서 루시페린이라는 화학 물질을 내뿜어요.
이 화학 물질이 산소와 닿으면 빛이 나지요.

★정브르의 곤충 탐구★

곤충 이름 : 앉은뱅이

의갈이라고도 불리는 앉은뱅이는 거미강의 절지동물이지만, 집게가 있어서 전갈로 착각할 수 있어요.
앉은뱅이는 톡토기나 작은 날파리를 잡아먹지요.

영상으로 확인해 봐요!

42~43p

80~81p

118~119p

무한의 계단 발명코믹북 2권 출간!

"이름을 말하는 순간, 공포가 너를 삼킬 것이다."

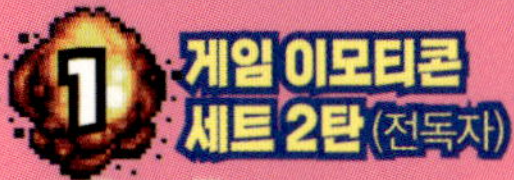

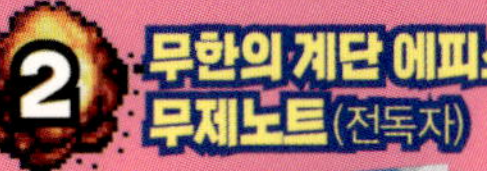

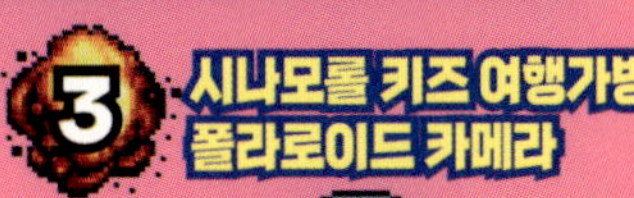

★ 띠지 뒷면의 번호 사용
(사용 방법은 168쪽 참고)

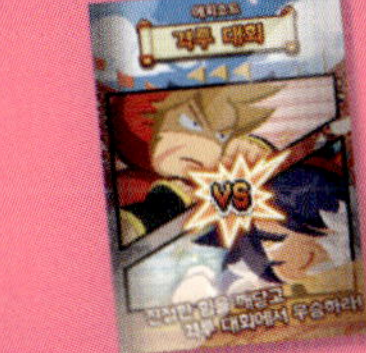

YouTube 35만 구독자 귀염뽀짝 수달의 일상 이야기

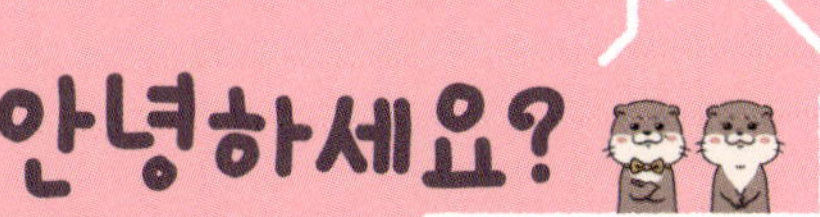

안녕하세요? 이웃집수달입니다!

Chapter 1 뽀시래기 모카의 성장기

Chapter 2 모카, 토피 그리고 4남매

Chapter 3 포토 화보

값 14,000원 문의 02-791-0752 서울문화사

곤충 탐구 추리 동화
곤충 탐정
정브르
탐정이 된 브르, 고나와 함께
곤충 세계의 사건을 해결하라!

화제의 신간
곤충 탐정 정브르 4
하늘소 왕국 대소동
서울문화사
원작 정브르 | 감수 샌드박스네트워크 | 값 14,000원

흥미진진 추리 스토리

알쏭달쏭 곤충 탐구
곤충의 구애 행동

야호!!!